INVENTAIRE
F 20498

AF501317

MANUEL

DU DROIT

DE FRANCHISE ET DU CONTRE-SEING,

A L'USAGE

DE MM. LES PRÉFETS, PROCUREURS-GÉNÉRAUX, SOUS-PRÉFETS, PROCUREURS DU ROI,
JUGES D'INSTRUCTION, INTENDANTS ET SOUS-INTENDANTS MILITAIRES,
ARCHEVÊQUES, EVÊQUES, CURÉS, VICAIRES CAPITULAIRES,
COMMANDANTS DES DÉPOTS DE RECRUTEMENT, MAIRES, ADJOINTS,
JUGES DE PAIX, COMMISSAIRES DE POLICE,
INSTITUTEURS ET INSTITUTRICES DES ÉCOLES PRIMAIRES,
ET ENFIN LES OFFICIERS ET SOUS-OFFICIERS DE LA GARDE NATIONALE
REMPLISSANT DES FONCTIONS SPÉCIALES.

Par N.

PARIS,

CHEZ LÉAUTEY ET LECOINTE, ÉDITEURS,

Libraires de la Gendarmerie de France et de la Garde municipale de Paris,

RUE SAINT-GUILLAUME, 2, F. S.-G.

1840.

AVERTISSEMENT.

Ce Manuel offre, divisées en 17 tableaux, les exemptions de taxe, ou franchises attribuées à la correspondance de service de certains fonctionnaires publics.

Ces exemptions de taxe ou franchises n'ont lieu que sous la condition d'un *contre-seing*.

Ces tableaux qui renferment tout le système de franchise attribué aux fonctionnaires et aux personnes à la correspondance desquels se rapportent ces franchises, sont précédés d'une instruction renfermant les diverses dispositions réglementaires relatives à cette franchise, ces tableaux indiquent :

Dans la colonne n° 1, les fonctionnaires autorisés à contre-signer leur correspondance de service ;

Dans la colonne n° 2, les fonctionnaires auxquels la correspondance du contre-signataire doit être remise exempte de taxe;

Dans la colonne n° 3, la forme sous laquelle la correspondance circulant en franchise doit être présentée;

Dans la colonne n° 4, l'arrondissement, la circonscription, ou le ressort dans l'étendue duquel la correspondance, valablement autorisée, circule en franchise;

Enfin, dans la colonne n° 5, les dispositions particulières à certaines correspondances qui s'écartent des règles habituelles.

Toutes les fois que deux fonctionnaires sont autorisés à correspondre, ils doivent, par conséquent, contre-signer les lettres qu'ils s'adressent réciproquement; on dit alors, que *leur contre-seing est réciproque*.

Cependant, la réciprocité du contre-seing ne donne pas toujours au fonctionnaire, à qui cette réciprocité est accordée, la faculté d'expédier ses lettres à son correspondant sous la même forme que celui-ci est autorisé à employer vis-à-vis de lui.

Pour indiquer sur-le-champ la réciprocité du contre-seing, on a eu le soin sur chaque tableau de faire suivre *d'un astérisque* la désignation du fonctionnaire destinataire.

Tout le système des franchises étant développé très explicitement dans les 43 articles du présent Manuel, il est impossible que les fonctionnaires auquel il est destiné, puissent se méprendre sur l'étendue et les limites de leurs droits, dans la faculté et la forme que leur donnent les réglemens, d'expédier leurs dépêches de *service* en franchise. En les éclairant sur cette partie de leurs attributions, c'est tout à la fois être agréable à ces fonctionnaires et être utile à l'administration des postes, si bien dirigée et si bien coordonnée dans ses toutes parties, et dont l'augmentation toujours croissante de la correspondance administrative, sent le plus grand besoin de répandre les instructions qui régissent ce vaste domaine, parmi les principales classes des agens du gouvernement, afin que leur correspondance de *service* présente, le moins possible, des irrégularités jusqu'alors si multipliées et qui donnent lieu pour les redresser à un travail incessant et vétilleux.

Les cinq premiers tableaux qui suivent l'instruction, offrent la nomenclature des fonctionnaires dont le droit de franchise est régie par des dispositions spéciales.

MANUEL

DE

LA FRANCHISE ET DU CONTRE-SEING.

DES DIFFÉRENTES ESPÈCES DE FRANCHISES.

Art. 1er.

La correspondance de service des fonctionnaires publics est exempte de taxe.

L'exemption de taxe s'appelle *franchise*. (Art. 333 de l'Instruction générale du 29 mars 1832, et 1er du Manuel de 1839.)

Art. 2.

On distingue trois espèces de franchises :

1° La *franchise* qui est déterminée par la qualité seule du fonctionnaire à qui l'on écrit, sans égard à la qualité de celui qui écrit;

2° La *franchise* qui est déterminée par la qualité seule du fonctionnaire qui écrit, sans égard à la qualité de celui à qui l'on écrit;

3° La *franchise* qui est déterminée à la fois par la qualité de celui qui écrit et par la qualité de celui à qui l'on écrit. (Art. 331 de l'Instruction générale, et 2 du Manuel de 1839.)

Art. 3.

Pour que la première de ces trois espèces de franchises reçoive son application, il suffit que la qualité du *destinataire* soit exactement indiquée sur l'adresse des lettres qui lui sont envoyées. Les auteurs de ces lettres n'ont pas besoin de se faire connaître. (Art. 3 du Manuel de 1839.)

Art. 4.

L'application de la seconde et de la troisième espèce de franchise ne peut avoir lieu que sous la condition que l'auteur de la correspondance de service sera connu.

L'auteur se fait connaître en apposant, sur l'adresse des lettres, son contre-seing. (Art. 335 de l'Instruction générale, et 4 du Manuel de 1839.)

DU CONTRE-SEING.

Art. 5.

On entend par contre-seing la désignation des fonctions de l'*envoyeur*, suivie de sa signature. La désignation des fonctions de l'*envoyeur* peut être imprimée sur l'adresse de la lettre, ou indiquée par un timbre; mais la *signature doit être mise à la main*. (Art. 339 de l'Instruction générale, et 5 du Manuel de 1839.)

Art. 6.

Par exception au principe établi dans l'article précédent, le *Roi*, le *Prince Royal* et *les fonctionnaires de l'Etat désigné dans le tableau n° 4*, annexé au présent Manuel, ne contre-signent pas leur correspondance; ils la font frapper d'une griffe délivrée par l'administration des postes. (Art. 335 et 338 de l'Instruction générale, et 6 du Manuel de 1839.)

Art. 7.

Lorsqu'un fonctionnaire se trouve empêché de remplir ses fonctions, pour cause d'absence, maladie, ou autre motif légitime, le contre-seing passe au fonctionnaire qui vient immédiatement après lui dans la hiérarchie des grades. Celui-ci, en contre-signant chaque lettre, doit énoncer sa qualité et indiquer qu'il remplit par *intérim* les fonctions auxquelles le contre-seing est attribué. (Art. 341 de l'Instruction générale, et 8 du Manuel de 1839.)

Art. 8.

Le contre-seing des avocats-généraux et des substituts est admis, pourvu que ces magistrats indiquent qu'ils agissent pour le procureur-général ou le procureur du roi, *empêché*.

L'omission du mot *empêché* donne lieu à l'application de la taxe; mais les lettres et paquets ainsi taxés peuvent être ensuite *ouverts* et *détaxés* au bureau de destination. (Art. 345 de l'instruction générale, et 10 du manuel de 1839.)

Art. 9.

Les sous-intendans militaires, en cas d'absence ou d'empêchement peuvent être remplacés par les conseillers de préfecture, les sous-préfets et les maires suivant les localités; et dans les lieux où il n'existe pas de sous-intendant militaire, les sous-préfets, les maires peuvent en remplir les fonctions. Dans ces diverses positions, le contre-seing de ces divers fonctionnaires doit être ainsi conçu :

Dans le premier cas,
Le conseiller de préfecture;
Le sous-préfet;
Le maire;
} Remplaçant le sous-intendant militaire.

Dans le second cas,
Le sous-préfet;
Le maire;
} Faisant fonctions de sous-intendant militaire.

(Art. 343 de l'instruction générale et 11 du Manuel de 1839.)

Art. 10.

Les commandans des dépôts de recrutement sont autorisés à *correspondre* entre-eux, en franchise *sous bandes*, dans toute l'étendue du royaume, et dans le département de leur résidence, avec les *commandans de gendarmerie*, et les *maires des communes.* (Décision du Ministre des finances du 27 juin 1836.)

DU MODE DE FERMETURE DES CORRESPONDANCES CONTRE-SIGNÉES.

Art. 11.

La correspondance de service, admise à circuler en franchise, peut être présentée sous *trois* formes différentes :
1° *Sous enveloppe;*
2° *Sous forme de lettre;*
3° *Sous bandes.* (Art. 346 de l'Instruction générale, et 13 du Manuel de 1839.)

Art. 12.

La faculté de présenter la correspondance de service sous *enveloppe* ou sous *forme de lettre*, est *permanente* ou *éventuelle.* (Art. 348 de l'Instruction générale, et 14 du Manuel de 1839.)

Art. 13.

Le *Roi*, le *Prince Royal et les fonctionnaires de l'Etat désignés dans le tableau n° 3*; annexé au présent Manuel, jouissent d'une manière permanente du droit de faire expédier leur correspondance *sous enveloppe* ou *sous forme de lettre*, (Art. 15 du Manuel de 1839.)

Art. 14.

Les fonctionnaires publics désignés dans le tableau n° 2, annexé au présent Manuel, peuvent, mais *éventuellement*, et seulement *en cas de nécessité*, expédier, *sous enveloppe* ou *sous forme de lettre*, la correspondance qu'ils adressent aux fonctionnaires à l'égard desquels leur contre-seing est valable. (Art. 348 de l'Instruction générale, et 16 du Manuel de 1839.)

Art. 15.

Le fonctionnaire qui est autorisé, en cas de nécessité, à expédier sa correspondance *sous enveloppe* ou *sous forme de lettre*, doit, indépendamment de son contre-seing, indiquer, par une note sur l'adresse, *qu'il y a nécessité de fermer la lettre ou le paquet.* (Art. 349 de l'Instruction générale, et 17 du Manuel de 1839.)

Art. 16.

Les maires sont autorisés à écrire en franchise au préfet de leur département et au sous-préfet de leur arrondissement par *lettres simples*, c'est-à-dire par *lettres* pesant moins de *sept* grammes et *demi*, simplement pliées et cachetées, sans addition ni de pièces jointes, ni d'enveloppes extérieures, à la charge par eux d'inscrire sur chaque lettre ces mots : *lettre confidentielle*, et d'énoncer, au-dessous de ces mots, leur qualité suivie de leur signature.

Toute lettre contre-signée par un maire, et adressée à un préfet comme *lettre confidentielle*, sera frappée de la taxe, si elle présente une ou plusieurs des irrégularités suivantes :
Si elle atteint ou dépasse le poids de sept grammes et demi;
Si elle paraît renfermer une seconde lettre;
Si elle est fermée par une enveloppe. (Circulaires des 1er juin et 11 octobre 1835, et 18 du Manuel de 1839.)

Art. 17.

Les lettres ou papiers relatifs au service, expédiés sous bandes, ne doivent être ni cachetés ni fermés par des fils ou attaches quelconques, sous les bandes qui les couvrent.

Si cette précaution est nécessaire pour la conservation du paquet contre-signé, le fonctionnaire expéditeur pourra lier ce paquet au *dehors* par une ficelle, à la condition expresse que cette ficelle, placée extérieurement, soit nouée par une simple boucle, et puisse facilement être détachée, si les besoins de la vérification l'exigent. (Art. 350 de l'instruction générale et 19 du Manuel de 1839.)

Art. 18.

La largeur des bandes ne doit excéder, dans aucun sens, le *tiers* de la dimension de la lettre ou du paquet.

Toutefois, il n'y aura pas lieu de taxer les *lettres* et *paquets* dont les bandes excéderont la largeur prescrite, lorsque, d'ailleurs, il restera possible de s'assurer qu'il n'existe, dans ces *lettres* et *paquets*, aucune pièce *cachetée* ou *revêtue d'attaches*. (Art. 347 de l'Instruction générale, et 21 du Manuel de 1839.)

DES CAS OU CERTAINS FONCTIONNAIRES PEUVENT EXPÉDIER, SOUS LEUR COUVERT ET LEUR CONTRE-SEING, DES CORRESPONDANCES QUI LEUR SONT ÉTRANGÈRES.

Art. 19.

Sont admis à circuler en franchise, dans les cas et aux conditions ci-après exprimés, les correspondances et les objets dont l'indication suit, savoir :

1° La correspondance relative au service de la garde nationale dans le département, sous le contre-seing et le couvert du préfet, des sous-préfets et du maire. (Art 22 du Manuel de 1839).

2° La correspondance du préfet du Finistère, à *Quimper*, avec le receveur des douanes à *Morlaix*, sous le couvert et le contre-seing du sous-préfet de Morlaix. (Art. 22 du Manuel de 1839.)

3° Les avertissemens destinés aux redevables de l'enregistrement, sous le contre-seing et le couvert des maires, d'une part, et des receveurs de l'enregistrement et des conservateurs des hypothèques, de l'autre part. (Ibid.)

4° Les états de taxe à témoins, dressés par les receveurs de l'enregistrement en Corse, et qui doivent être revêtus du visa du préfet de ce département, sous le couvert et le contre-seing du préfet, d'une part, et des sous-préfets et des maires, de l'autre part (Ibid.)

Art. 20.

Toutes les pièces et tous les papiers dont se composera chacune des correspondances désignées dans le paragraphe précédent, devront être exclusivement relatifs à cette correspondance.

Ils ne pourront être ni pliés en forme de lettres, ni revêtus *d'adresses extérieures*, ni *cachetés*, ni *fermés par des fils* ou *attaches* quelconques; mais ils seront remis tout ouverts au fonctionnaire expéditeur, qui les pliera seulement en deux ou en quatre, pour les revêtir ensuite d'un *croisé* de bandes de la largeur prescrite, sur lequel il apposera son contre-seing, et formulera l'adresse du fonctionnaire dont le couvert doit être employé.

La destination ultérieure de chaque pièce ou de chaque objet, pourra être indiquée par une *védette*, soit en tête soit au bas de la première page. (Art. 23 du Manuel de 1839.)

DES CHARGEMENS EN FRANCHISE.

Art. 21.

Les *lettres* et *paquets* circulant en franchise, qui seront présentés au chargement, ne peuvent être adressés qu'à un fonctionnaire à l'égard duquel l'envoyeur a droit de *contre-seing*.

Ces *lettres* et *paquets* seront *sous bandes* lorsque le fonctionnaire qui les expédie ne jouit du contre-seing que *sous bandes*.

Dans ce dernier cas, les bandes doivent être fermées de *deux cachets en cire* avec empreinte, ainsi qu'il est prescrit à l'égard des chargemens expédiés *sous enveloppe*. Ces cachets ne doivent porter que sur les bandes. (Art. 304 de l'Instruction générale, et 27 du Manuel de 1839.)

DES IMPRIMÉS OFFICIELS.

Art. 22.

Les imprimés, brochures et autres publications qui portent un caractère *officiel* ont droit à l'exemption de taxe, aux mêmes conditions que les objets de correspondance ordinaire. (Circulaire du 20 avril 1833 et art. 30 du Manuel de 1839.)

Art. 23.

Les bulletins des lois, les recueils des actes administratifs et tous autres bulletins ou circulaires, dont un exemplaire doit être remis indistinctement à chaque maire, pourront être adressés par les préfets et sous-préfets aux directeurs et distributeurs, en nombre égal à celui des communes des départemens desservies par leurs bureaux, sans qu'il soit besoin de *suscriptions* individuelles ni d'indications de communes. (Art. 363 de l'instruction générale et 32 du Manuel de 1839.)

DES IMPRIMÉS NON OFFICIELS.

Art. 24.

Les publications *non officielles*, valablement contre-signées peuvent être expédiées aussi en franchise, mais à la condition expresse qu'elles seront placées sous bandes, et qu'elles seront accompagnées d'une déclaration écrite, revêtue de la signature du contre-signataire, laquelle constatera :

1° Le titre de chaque ouvrage, et le nombre d'exemplaires à expédier ;

2° Que ces exemplaires sont expédiés pour le service du gouvernement. (Circulaire du 28 mars 1834 et 33 du Manuel de 1839).

Art. 25.

Dans le cas ou les imprimés *non officiels*, déposés à un bureau de poste, n'auraient pas été accompagnés d'une déclaration régulière de la part du fonctionnaire expéditeur, le directeur des postes devra provoquer cette déclaration, et en cas de refus taxer les paquets. (Circulaire du 29 janvier 1835 et art. 36 du Manuel de 1839).

DES OBJETS NON SUSCEPTIBLES D'ETRE TRANSPORTÉS EN FRANCHISE OU QUI NE PEUVENT ETRE TRANSPORTÉS QU'EN VERTU DE DISPOSITIONS SPÉCIALES.

Art. 26.

Les registres *reliés* ou *cartonnés*, les *échantillons* de toute espèce, les *effets* d'*habillement* et d'*équipement militaire* ne sont pas considérés comme correspondance de service, et ne doivent pas être admis à l'exemption de la taxe, quand bien même ils seraient revêtus d'un *contre-seing* valable. (Art. 354 de l'Instruction générale, et 40 du Manuel de 1839.)

Art. 27.

Sont exceptés de cette disposition 1° les registres *reliés* ou *cartonnés* qui seraient en tout, ou seulement en partie, remplis à la main, et qui porteraient ainsi le caractère de pièce de comptabilité ou de correspondance administrative, à condition qu'ils seront pliés ou ficelés de manière que les préposés des postes puissent facilement en vérifier le contenu. (Art. 355 de l'Instruction générale, et 41 du Manuel de 1839.)

2° Les registres *reliés* ou *cartonnés*, les *échantillons* de *grains*, de *farines*, de *pains* de *munition*, d'*effets d'habillement* et d'*équipement militaire*, que s'adressent réciproquement sous leur contre-seing, les sous-intendans militaires de **Vannes** et de **Belle-Isle-en-mer**, à la condition que les paquets qui renfermeront ces différens objets, n'excéderont pas le maximum d'*un kilogramme;* qu'il ne sera expédié qu'un *seul* paquet par chaque départ de courrier, et que les paquets ne seront pas cachetés, mais seulement pliés ou ficelés, de manière que les préposés des postes puissent facilement en vérifier le contenu;

3° Les listes électorales du jury ;

4° Les registres destinés à l'inscription des actes de l'Etat civil ;

5° Les décorations et médailles d'honneur décernées par le Gouvernement. (Art. 41 du Manuel de 1839 et Décision ministérielle du Ministre des finances du 18 oct. 1833.)

DU POIDS DES PAQUETS ADMIS A L'EXEMPTION DE TAXE.

Art. 28.

Les paquets revêtus du contre-seing, ou expédiés à l'adresse des personnes et des fonctionnaires désignés dans l'art. 6, comme jouissant de la franchise illimitée, devront être acheminés par les directeurs des postes, *sans limitation de poids.* (Art. 42 du Manuel de 1839.)

Art. 29.

Le *maximum* du poids à donner aux paquets contre-signés est fixé ainsi qu'il suit, savoir :

A *cinq* kilogrammes, lorsque le transport des paquets devra être opéré jusqu'à destination par un service en *malle-poste,* ou par un service d'*entreprise en voiture;*

A *deux* kilogrammes, lorsque les paquets seront dirigés sur une route desservie, en quelque point que ce soit, par un service d'*entreprise à cheval;*

Si les paquets doivent entrer, sur quelque point que ce soit, dans un service d'*entreprise à pied*, le *maximum* ne pourra dépasser *un* kilogramme, quels que soient les fonctionnaires contre-signataires ou destinataires. (Décision du Ministre des finances et Circulaire du 26 septembre 1837, et art. 45 du Manuel de 1839.)

A l'exception cependant, 1° *des rôles des contributions directes*; 2° *des listes électorales*; 3° *des listes du jury*; 4° *des registres destinés* à l'inscription de l'etat civil qui, valablement contre-signés, seront admis à circuler en franchise, *sans* limitation de poids. (Art. 43 du Manuel de 1839 et 431 de l'instruction générale.)

ART. 30.

Les directeurs des postes doivent refuser à présentation tout paquet contre-signé dont le poids dépasserait le maximum déterminé par l'art. précédent (Circulaire du 25 août 1837, et art. 46 du Manuel de 1839.)

ART. 31.

Si plusieurs paquets à l'adresse d'un même destinataire, revêtus d'un même contre-seing, et pesant ensemble plus que le poids déterminé, leur sont présentés en même temps, ils prieront l'expéditeur de leur indiquer l'ordre dans lequel ces paquets doivent être expédiés, et refuseront, dans tous les cas, de se charger d'un poids au-dessus de celui indiqué, en ajournant la portion excédante aux départs suivans. (Décision ministérielle du 25 août 1837, et art. 47 du Manuel de 1839.)

CAS DE TAXE.

ART. 32.

Les *lettres* et *paquets* contre-signés doivent être remis *aux mains* des préposés des postes, dans les lieux où il existe des établissemens de poste.

Ceux qui auraient été jetés aux boîtes des localités pourvues de ces établissemens, seront soumis à la taxe, à moins qu'ils ne soient adressés à des fonctionnaires ayant droit à la franchise, à raison seulement de leur *qualité*. (Art. 230 et 365 de l'Instruction générale, et 48 du Manuel de 1839.)

ART. 33.

Les fonctionnaires qui résident dans les communes où il n'existe pas d'établissement de poste, peuvent faire déposer, dans les boîtes de leurs communes respectives, leur correspondance contre-signée. (Circulaire du 5 avril 1837, et art. 49 du Manuel de 1839.)

ART. 34.

Lorsque l'expéditeur d'une *lettre* ou d'un *paquet* contre-signé ne se sera pas conformé à toutes les conditions de la franchise, il lui en sera donné avis par le directeur des postes du lieu de l'expédition. (Art. 351 de l'Instruction générale, et 50 du Manuel de 1839.)

ART. 35.

Dans les cas de *suspicion d'abus* ou *d'omission* des formalités prescrites, les directeurs des postes des bureaux de destination doivent taxer les lettres et paquets, lorsque ce soin n'a pas été rempli, soit par les directeurs des bureaux *d'expédition*, soit par ceux des bureaux de *passe*.

Le motif de l'application de la taxe devra être exprimé sur l'adresse de la lettre ou du paquet taxé, par la citation du numéro de l'article de l'Instruction générale, dont les dispositions auraient été enfreintes. (Art. 357 de l'Instruction générale, et 54 du Manuel de 1839.)

DES DÉTAXES.

ART. 36.

Lorsque les directeurs reconnaîtront, soit par le contre-seing régulier ou irrégulier apposé sur une lettre ou paquet de service soumis à *la taxe*, soit par *tout autre indice extérieur*, que cette lettre ou ce paquet a été expédié *par un fonctionnaire autorisé à écrire en franchise au destinataire*, ils devront proposer à ce destinataire, s'il réside dans la commune du bureau de poste, de faire l'ouverture de la lettre ou du paquet, à ce bureau et en leur présence. (Art. 358 de l'Instr. générale, et 55 du Manuel de 1839.)

ART. 37.

Les lettres adressées par les maires au préfet de leur département ou au sous-préfet de leur arrondissement, sous forme de lettre *confidentielle* (Voir l'art. 16), et qui auront été frappées de la taxe, ne sont susceptibles ni d'être ouvertes ni d'être détaxées au bureau de destination (Circ. des 1er juin et 11 oct. 1835, et art. 57 du Manuel de 1839.)

ART. 38.

Si, de la vérification sommaire qui aura lieu en vertu de l'art. 36, il résulte que les paquets ne contiennent que des lettres ou papiers de service *non-cachetés*, le directeur en fera la remise en exemption de taxe, et il constatera ce résultat au dos de l'enveloppe ou des bandes, par ces mots : *Ne contenait rien d'étranger au service.*

L'omission de cette déclaration pourra donner lieu à faire tomber à la charge du directeur la taxe du paquet. (Art. 358 de l'Instruction générale, et 58 du Manuel de 1839.)

Art. 39.

Si, parmi les pièces contenues dans un paquet ouvert en vertu de l'art. 36, il se trouve des *lettres cachetées*, portant l'adresse du fonctionnaire désigné dans la *suscription extérieure* du paquet, ces lettres pourront être soumises à l'ouverture. (Art. 358 de l'Instruction générale, et 59 du Manuel de 1839.)

Art. 40.

Les directeurs se feront remettre, pour servir à la justification de la *détaxe*, des lettres et paquets désignés dans les art. 36, 38 et 39, les *bandes*, *enveloppes* ou *portions d'adresses* sur lesquelles *la taxe* aura été appliquée. (Art. 761 de l'Instruction générale, et 60 du Manuel de 1839.)

Art. 41.

Si le directeur ne pouvait obtenir la portion d'adresse sur laquelle la taxe a été appliquée, il se ferait délivrer, par le fonctionnaire auquel la lettre est adressée, un certificat constatant les motifs qui s'opposent à ce que l'adresse de la lettre soit produite. Ce certificat sera signé par le fonctionnaire. (Art. 760 de l'Instruction générale, et 61 du Manuel de 1839.)

DES REBUTS.

Art. 42.

S'il est reconnu, par suite de l'ouverture faite en présence du directeur des postes que les objets renfermés dans un paquet sont étrangers aux fonctions du destinataire, ou adressés à d'autres qu'à lui, et si ce destinataire refuse *itérativement* d'en payer la taxe, le directeur dressera procès-verbal du fait. (Art. 359 de l'Instruction générale, Circulaires du 9 octobre 1834, 31 octobre 1836, et art. 64 du Manuel de 1839.)

Art. 43.

Si parmi les objets abusivement renfermés dans les paquets qui auraient été soumis à l'ouverture, en vertu de l'art. 36, il se trouve des papiers relatifs aux fonctions du destinataire, ces papiers seront délivrés sur-le-champ et *sans taxe*; les directeurs ne retiendront, pour les envoyer à l'administration, avec le procès-verbal d'ouverture, que les lettres et objets étrangers au service, lesquels seront pliés dans leurs enveloppes ou sous leurs bandes, et adressés au bureau des rebuts. (Art. 360 de l'Instruction générale, et 65 du Manuel de 1839.)

EXPLICATIONS

DES SIGNES ET ABRÉVIATIONS EMPLOYÉS DANS LES COLONNES 2, 3 ET 4,

Composant le Manuel des Franchises.

Signe employé dans la colonne 2.

L'ASTÉRISQUE *, placé à la suite de la désignation du fonctionnaire, indique que le contre-seing est réciproque.

Abréviations employées dans la colonne 3.

L. F.	*signifie*	Lettres fermées, c'est-à-dire sous enveloppe ou sous pli.
S. B.	—	Sous bandes.
S. B'	—	Sous bandes avec faculté de fermer, c'est-à-dire de mettre sous enveloppe ou sous pli; *mais seulement en cas de nécessité.*

Abréviations employées dans la colonne 4.

Arr. acad. . .	—	Arrondissement académique.
Arr. cant. . .	—	Arrondissement cantonal.
Arr. ingén. en ch. m.	—	Arrond. ingénieurs en chef des mines.
Arr. ing. ord. m.	—	Arrond. des ingénieurs ordinaires des mines.
Arr. insp. div. p. ch.	—	Arrond. des inspecteurs divisionnaires des ponts-et-chaussées.
Arr. insp. g. d'a.	—	Arr. des Inspecteurs-généraux d'armes.
Arr. mar. . .	—	Arrondissemens maritimes.
Arr. s. pr. . .	—	Arrond. de sous-préfecture.
Arr. vér. arm.	—	Arrond. de vérification des armes de la Garde nationale.
C. d'ass. . . .	—	Cour d'assises.
Circ. dioc. . .	—	Circonscription diocésaine.
Cir. har. . .	—	Circonscription des haras.
Circ. m. charp.	—	Circonscription des maîtres charpentiers entrepreneurs.
C. roy. . . .	—	Cour royale.
Circ. dép. de R.	—	Circonscription des dépôts de remonte de la Guerre.
Conserv. for. .	—	Conservation forestière.
Dép.	—	Département.
Div. insp. m. .	—	Division d'inspection des mines.
Dir. doua. .	—	Direction des douanes.
Dir. du génie. .	—	Direction du génie.
Dir. d'art . .	—	Direction d'artillerie.
Div. c. s. fin. .	—	Division des commissaires spéciaux des finances.
Div. mil. . . .	—	Division militaire.
Parc. ch. de fer.	—	Parcours des tracés de chemins de fer.
Parc. canaux.	—	Parcours des canaux.
Parc. riv. nav.	—	Parcours des rivières navigables.
Parc. rout. roy.	—	Parcours de routes royales en construction ou réparation.
Rayon télég. .	—	Rayon télégraphique.
Res. éc. n. pr.	—	Ressort des écoles normales primaires.
Subd. mil. et subd. limit.		Subdivision militaire et subdivisions limitrophes.
Tout le R. . .	—	Tout le royaume.

TABLEAU N° 1,

Indiquant les Départemens ou les Colonels font partie des Conseil de révision des Opérations de recrutement.

	DÉPARTEMENS.
Colonels faisant partie des Conseils de révision des Opérations de recrutement dans les départemens ci-contre :	Ain. Allier. Alpes (Basses). Ardèche. Ariège. Aube. Aude. Aveyron. Cantal. Charente. Cher. Corrèze. Côtes-du-Nord. Creuse. Eure. Finistère. Gers. Hérault. Indre. Isère. Landes. Loire. Loire (Haute). Loiret. Loir-et-Cher. Lot. Lot-et-Garonne. Lozère. Marne. Marne (Haute). Mayenne. Oise. Orne. Saône (Haute). Saône-et-Loire. Sarthe. Seine-et-Marne. Sèvres (Deux). Tarn. Vendée. Vosges.

TABLEAU N° 2,

Indiquant les Fonctionnaires qui ne peuvent qu'éventuellement, et seulement en cas de nécessité, fermer leur correspondance de service.

Nos d'ordre	DÉSIGNATION DES FONCTIONNAIRES.	OBSERVATIONS.
1	Agens du Roi dans les parages de la *Méditerranée*.	
2	Agens du service des paquebots de l'administration des postes placés dans les *échelles*, lorsqu'ils sont chefs de service.	
3	Archevêques.	
4	Chefs du service de la marine.	
5	Colonels chefs d'état-major des divisions militaires.........	Seulement lorsqu'ils contre-signent en l'absence du lieutenant-général commandant la Division.
6	*Commandans des brigades de gendarmerie.*	
7	Commandans des paquebots de l'administration des postes sur la *Méditerranée*.	
8	Commissaires de police.	
9	Commissaires généraux de la marine.	
10	Commissaires principaux de la marine.	
11	Conseillers de préfecture, délégués *en l'absence des préfets.*	
12	Consuls de France à l'étranger.	
13	Directeurs des postes dans les stations de la *Méditerranée*.	
14	Evêques.	
15	Inspecteurs des finances.	
16	Inspecteur-général de police à la frontière d'Espagne.	
17	Inspecteurs-généraux d'armes.	
18	Inspecteurs-généraux des finances.	
19	Inspecteurs-généraux *de gendarmerie.*	
20	Intendant civil à Alger.	
21	Intendans militaires.	
22	Juges d'instruction.	
23	Juges de paix..	Seulement pour leur correspondance avec les préfets, les sous-préfets et les juges d'instruction.
24	Lieutenans généraux commandans les divisions militaires.	
25	Maires..	Cette autorisation ne s'applique qu'aux lettres simples adressées par les maires ou préfets de leur départ. ou au sous-préfet de leur arrond. ; sur ces lettres doivent être inscrites les mots : *lettres confid.*
26	Maréch.-de-camp commandans les subdivisions militaires.	
27	*Officiers de gendarmerie.*	
28	Officiers de la marine royale commandant en chef une armée navale, escadre ou division, ou un bâtiment ayant une destination particulière.	
29	Préfets des départemens.	
30	Préfets maritimes.	
31	Premier président de la Cour de cassation.	
32	Premiers présidens des Cours royales.	
33	Président du comité de direction du service des paquebots de l'administration des postes sur la *Méditerranée*.	
34	Présidens des Cours d'assises.	
35	Présidens des Cours royales.	
36	Présidens des Tribunaux de commerce.	
37	Présidens des Tribunaux de première instance.	
38	Procureur-général de la Cour de cassation.	
39	Procureurs-généraux.	
40	Procureurs du Roi.	
41	Secrét.-gén. de préfecture, délégués en *l'absence des préfets.*	
42	Sous-Préfets.	
43	Vice-Consuls de France à l'étranger.	

TABLEAU N° 3,

Indiquant les Fonctionnaires auxquels est attribuée, d'une manière permanente, la faculté de ferm[illegible] leur correspondance de service.

N°s d'ordre	DÉSIGNATION DES FONCTIONNAIRES.	*OBSERVATIONS.*
1	Administrateur en chef des lignes télégraphiques.	
2	Ambassadeur de France à l'étranger.	
3	Ambassadeur ottoman à Londres et à Paris.	
4	Chancelier de France, tant en cette qualité que comme président de la Chambre des Pairs.	
5	Commandans des possessions françaises dans les pays d'outre-mer.	
6	Commandant supérieur des gardes nationales de Paris et du département de la Seine.	
7	Directeur de l'administration des contributions indirectes.	
8	Directeur de l'administration des douanes.	
9	Directeur de l'administration des postes.	
10	Directeur de l'administration des tabacs.	
11	Directeur-général de l'administratr. de la caisse d'amortissement et de la caisse des dépôts et consignations.	
12	Directeur-général de l'administration des forêts.	
13	Directeur-général de l'enregistrement et des domaines.	
14	Directeur-général des ponts-et-chaussées et des mines.	
15	Directeur des télégraphes.	
16	Gouverneurs des possessions françaises dans les pays d'outre-mer.	
17	Grand-Chancelier de la Légion-d'Honneur.	
18	Inspecteurs des télégraphes.	
19	Intendant-général de la Liste civile.	
20	Ministre des affaires étrangères de la Sublime-Porte.	
21	Ministres du Roi à l'étranger.	
22	Ministres secrétaires d'Etat à département.	
23	Préfet de police.	
24	Premier président de la Cour des comptes.	
25	Président de la Commission des Monnaies.	
26	Procureur-général de la Cour des Comptes.	
27	Secrétaire-général du Conseil-d'Etat.	

TABLEAU N° 4,

Indiquant les Fonctionnaires autorisés à remplacer leur contre-seing par l'empreinte d'une griffe.

N^os d'ordre	DÉSIGNATION DES FONCTIONNAIRES.	*OBSERVATIONS.*
1	Chancelier de France, tant en cette qualité que comme président de la Chambre des Pairs.	
2	Commandant supérieur des gardes nationales de Paris et du département de la Seine.	
3	Directeur de l'administration des contributions indirectes.	
4	Directeur de l'administration des douanes.	
5	Directeur de l'administration des postes.	
6	Directeur de l'administration des tabacs.	
7	Directeur de l'administration générale de la caisse d'amortissement et de la caisse des dépôts et consignations.	
8	Directeur-général de l'administration des forêts.	
9	Directeur-général de l'enregistrement et des domaines.	
10	Directeur-général des ponts-et-chaussées et des mines.	
11	Directeur de l'imprimerie royale.	
12	Grand-Chancelier de la Légion-d'Honneur.	
13	Intendant-général de la Liste civile.	
14	Ministres secrétaires d'Etat à département.	
15	Préfet de police.	
16	Préfets des départemens	Une empreinte modèle de la griffe délivrée à chaque préfet par l'administration des postes, est déposée au bureau du chef-lieu du département.
17	Premier président de la Cour des comptes.	
18	Président de la commission de l'ancienne liste civile.	
19	Président de la commission des monnaies.	
20	Procureur-général de la Cour des comptes.	
21	Procureur-général près la Cour royale de Paris.	
22	Recteur de l'Académie de Paris.	
23	Secrétaire-général du Conseil-d'État.	

TABLEAU N° 5,

Indiquant les Officiers, Sous-officiers et autres personnes exerçant des fonctions dans la Garde nationale, dont la correspondance, exclusivement relative au service de la Garde nationale, peut circuler en franchise sous le couvert des Préfets, *des* Sous-Préfets *ou des* Maires, *dans l'étendue du département où cette correspondance a pris naissance.*

Numéros d'ordre.	DÉSIGNATION DES FONCTIONNAIRES.	OBSERVATIONS.
1	Adjudant-major des bataillons cantonaux.	
2	Capitaine d'armement.	
3	Chefs de bataillon cantonaux.	
4	Chirurgien-majors des légions cantonales.	
5	Colonels des légions cantonales.	
6	Commandans des corps cantonaux des armes spéciales.	
7	Commandans des corps communaux des armes spéciales.	
8	Commandans des gardes nationales des communes.	
9	Inspecteurs d'armement.	
10	Lieutenans-colonels des légions cantonales.	
11	Majors des légions cantonales.	
12	Maréchaux-des-logis appartenant à des escadrons cantonaux.	
13	Membres des jurys de révision.	
14	Officiers d'armement.	
15	Présidens des conseils d'administration des bataillons cantonaux.	
16	Présidens des conseils d'administration des légions cantonales.	
17	Rapporteurs des conseils de discipline.	
18	Secrétaires des conseils de discipline.	
19	Sergens-majors appartenant à des bataillons cantonaux.	
20	Sous-officiers d'armement.	
21	Suppléans des membres de jury de révision.	

TABLEAU N° 6,

Franchise et Contre-Seing des Commandans des Dépôts de recrutement.

DÉSIGNATION DES FONCTIONNAIRES ET DES PERSONNES — autorisés à contre-signer leur correspond. de service. (Art. 353 de l'Instruct. gén.) 1.	AUXQUELS la correspondance de service du fonctionnaire désigné dans la colonne ci-contre doit-être remise en franchise. 2.	Forme sous laquelle la correspondanc circulant en franch doit-être présentée. 3.	Arrondissement, circonscription ou ressort dans l'étendue duquel la correspondance valablement contre-signé circule en franchise. 4.	Observations.
COMMANDANS des dépôts de recrutement.	Capitaines-rapporteurs près les Conseils de guerre* . .	s. b.	Tout le R.	
	Colonels chefs d'état-major des divisions militaires* . .	s. b.	Div. mil.	
	Commandans des brigades de gendarmerie*	s. b.	Dépt.	
	Commandans des dépôts de recrutement*	s. b.	Tout le R.	
	Inspecteurs-généraux d'armes*	s. b.	Ar. Insp. g. d'arm	
	Inspecteurs-généraux de gendarmerie*	s. b.	Tout le R.	
	Intendans militaires*	s. b.	Tout le R.	
	Lieutenans-généraux command. les divisions militaires*	s. b.	Div. mil.	
	Maires*	s. b.	Dép.	
	Maréchaux-de-camp command. les subdivisions milit* .	s. b.	Subdiv. mil.	
	Officiers *du bataillon de voltigeurs corses**	s. b.	Tout le R.	
	Officiers *de la Garde municipale de Paris** . . .	s. b.	Tout le R.	
	Officiers *de gendarmerie**.	s. b.	Tout le R.	
	Présidens des Conseils d'administr. des corps militaires*	s. b.	Tout le R.	
	Présidens des Conseils d'administration des dépôts des équipages de ligne à *Brest**	s. b.	»	
	*Cherbourg**	s. b.	»	
	*Lorient**	s. b.	»	
	*Rochefort**	s. b.	»	
	*Toulon**	s. b.	»	
	Président du Conseil d'administration du dépôt des régimens d'infanterie de la marine (dépôt colonial) à *Landerneau**	s. b.	»	
	Présidens des Conseils d'administration des deux régimens d'infanterie de la marine*	s. b.	Tout le R.	
	Présidens des Conseils d'administration des pénitenciers militaires*	s. b.	Tout le R.	
	Sous-Intendans militaires*	s. b.	Tout le R.	
	Sous-Intendans militaires adjoints*	s. b.	Tout le R.	

TABLEAU N° 7.

Franchise et Contre-Seing des Instituteurs et Institutrices des Écoles primaires et des Adjoints aux Maires exerçant le ministère public près le tribunal de simple police.

DÉSIGNATION DES FONCTIONNAIRES ET DES PERSONNES		Forme sous laquelle la correspondanc circulant en franch. doit être présentée.	Arrondissement, circonscription ou ressort dans l'étendue duquel la correspondance valablement contre-signée circule en franchise.	*Observations.*
autorisés à contre-signer leur correspond. de service. (Art. 353 de l'Instruct. gén.)	AUXQUELS la correspondance de service des personnes désignées dans la colonne ci-contre doit être remise en franchise.			
1.	2.	3.	4.	5.
INSTITUTEURS des Écoles primaires; INSTITUTRICES des Écoles primaires.	Inspecteurs d'Académie*.	s. b.	Arr. acad.	
	Inspecteurs des Écoles primaires*	s. b.	Dép.	
	Maires*.	s. b.	Arr. s.-pr.	
	Présidens des Comités d'Arrondissement de l'instruction primaire*.	s. b.	Arr. L. pr.	
	Recteurs d'Académie*.	s. b.	Arr. acad.	
	Sous-inspecteurs des Écoles primaires*.	s. b.	Dép.	
ADJOINTS AUX MAIRES exerçant le ministère public près le tribun. de simple police.	Juges d'instruction*.	s. b.	Arr. s-pr.	
	Premiers Présidents des Cours royales*.	s. b.	C. roy.	
	Présidents des Cours d'assises*.	s. b.	Département où se tiennent les assises (1)	(1) Cette franchise s'étend même au lieu de la résid. ordinaire des présidens des Cours d'assises.
	Procureurs-généraux*.	L. f.	C. roy.	
	Procureurs du Roi près les Cours d'assises.*	L. f.	Dép.	
	Procureurs du Roi près les tribunaux de première instance*	L. f.	Arr. s-pr.	
Greffiers en chef des Cours royales.	Greffiers en chef des Cours royales*.	s. b.	Tout le R.	
	Greffiers des Cours et Tribunaux*.	s. b.	C. roy.	
	Premiers présidents des Cours royales*.	s. b.	C. roy.	
Greffiers des Cours et Tribunaux.	Greffiers en chef des Cours royales*.	s. b.	C. roy.	
	Premiers présidents des Cours royales.	s. b.	C. roy.	
	Procureurs-généraux.	L. f.	C. roy.	

TABLEAU N° 8.

Franchise et Contre-Seing des Juges d'Instruction et Juges de Paix.

DÉSIGNATION DES FONCTIONNAIRES ET DES PERSONNES		Forme sous laquelle la correspondance circulant en franchise doit-être présentée.	Arrondissement circonscription ou ressort dans l'étendue duquel la correspondance valablement contre-signée circule en franchise.	*Observations.*
autorisés à contre-signer leur correspond. de service. (Art. 353 de l'Instruct. gén.)	AUXQUELS la correspondance de service des fonctionnaires doit être remise en franchise.			
1.	2.	3.	4.	5.
Juges d'instruct.	Adjoints des maires exerçant le ministère public près les tribunaux de simple police*	s. b.*	Arr. s. pr.	
	Commissaire de police*	s. b.*	Arr. s. pr.	
	Juges d'instruction*	s. b.*	Tout le R.	
	Juges de paix*	s. b.*	Tout le R.	
	Maires*	s. b.*	Arr. s. pr.	
	Officiers *du bataillon de voltigeurs corses**	s. b.*	Arr. s. pr.	
	Officiers *de la garde municipale de Paris**	s. b.*	Arr. s. pr.	
	Officiers *de gendarmerie**	s. b.*	Arr. s. pr.	
	Préfets*	s. b.*	Dép.	
	Premiers présidens des Cours royales*	s. b.*	C. roy.	
	Présidens des Cours d'assises*	s. b.*	Département où se tiennent les assises. (1)	(1) Cette franchise s'étend même au lieu de la résidence ordinaire des présidens des Cours d'assises
	Procureurs-généraux*	s. b.* 2.	Tout le R.	(2) L. f. dans le ressort de la Cour royale.
	Procureurs du roi*	s. b.* 3.	Tout le R.	(3) L. f. dans l'arr. de s. pr.
	Sous-préfets*	s. b.*	Arr. s. pr.	
Juges de paix.....	Conservateurs des forêts*	s. b.	Conser. for.	
	Gardes généraux des forêts*	s. b.	Conser. for.	
	Inspecteurs des forêts*	s. b.	Conser. for.	
	Inspecteurs des postes*	s. b.	Dép.	
	Juges d'instruction*	s. b.*	Tout le R.	
	Juges de paix*	s. b.	C. roy.	
	Maires*	s. b.	Arr. cant.	
	Préfets*	s. b.*	Dép.	
	Premiers présidens des Cours royales*	s. b.	C. roy.	
	Présidens des Cours d'assises*	s. b*	Département où se tiennent les assises (4).	(4) Cette franchise s'étend même au lieu de la résidence ordinaire des présidens des Cours d'assises.
	Présidens des tribunaux de commerce*	s. b.	Arr. s. pr.	
	Procureurs-généraux*	s. b.* (5)	Tout le R.	(5) L. f. dans le ressort de la Cour royale.
	Procureurs du roi*	s. b*. (6)	Tout le R.	(6) L. f. dans l'arr. de s. pr.
	Sous-inspecteurs des forêts*	s. b.	Conser. for.	
	Sous-préfets*	s. b.*	Arr. s. pr.	
	Vérificateurs des poids et mesures*	s. b.	Arr. s. pr.	
Jug. de paix des cant. de *Castets* et de *St-Vincent de Tirosse* (*Landes*.)	Présidens des tribunaux de première instance, à Dax et à Mont-de-Marsan*	s. b.	»	
Jug. de paix de l'île *d'Oléron*.	Commandans de la place de l'île d'Oléron*	s. b.	»	
Justiciables d la Cour *des comptes*.	Greffier en chef de la Cour des comptes.	s. b.	»	

TABLEAU N° 9.

Franchise et Contre-Seing des Commissaires de police.

DÉSIGNATION DES FONCTIONNAIRES ET DES PERSONNES		Forme sous laquelle la correspondanc circulant en franch. doit être présentée.	Arrondissement, circonscription ou ressort dans l'étendue duquel la correspondance valablement contre-signée circule en franchise.	*Observations.*
autorisés à contre-signer leur correspond. de service. (Art. 353 de l'Instruct. gén.)	AUXQUELS la correspondance de service des fonctionnaires et de personnes désignés dans la colonne ci-contre doit être remise en franchise.			
1.	2.	3.	4.	5.
Comm. de police.	Inspecteurs des forêts de la couronne*	s. b.*	Conserv. for.	
	Juges d'instruction*	s. b.*	Arr. s.-pr.	
	Préfets*	s. b.*	Dépt.	
	Premiers présidens des Cours royales*	s. b.*	C. roy.	
	Présidens des Cours d'assises*	s. b.*	Départ. ou se tiennent les assises (1)	(1) Cette franchise s'étend même au lieu de la résidence ordinaire des présid. des Cours d'ass.
	Procureurs généraux*	L. f.*	C. roy.	
	Procureurs du roi près les Cours d'assises*	L. f.*	Dép.	
	Procureurs du roi près les tribunaux de première instance*	L. f.*	Arr. s.-pr.	
	Sous-préfets*	s. b.*	Arr. s.-pr.	
Comm. de police à *Dieuze* (2).	Commandans des brigades de gendarmerie dans le département de la *Meurthe**	s. b.*	»	(2) Le contre-seing de cet agent est applicable aux dépêches qu'il expéd. soit du lieu de sa résidenc. ordinaire, soit des lieux où il est envoyé en missoin.
	Commandans des corps ou détachemens militaires stationnés à *Château-Salins**	s. b.*	»	
	*Marsal**	s. b.*	»	
	Directeurs des contributions indirectes à *Nancy**	s. b.*	»	
	*Lunéville**	s. b.*	»	
	*Château-Salins**	s. b.*	»	
	*Sarrebourg**	s. b.*	»	
	Maires dans le département de la *Meurthe**	s. b.*		
	Officiers de gendarmerie dans le département de la *Meurthe**	s. b.*	»	
	Préfet de la *Meurthe**	s. b.*	»	
	Sous-préfets dans le département de la *Meurthe**	s. b.*	»	
Comm. de police au *Pont-de-Beauvoisin.*	Préfet du *Rhône**	s. b.*	»	
Commiss. de police à *Vic.* (3)	Commandans des brigades de gendarmerie dans le département de la *Meurthe**	s. b.*	»	(3) Le contre-seing de cet agent est applicable aux dépêches qu'il expédie soit du lieu de sa résidence ordinaire, soit des lieux où il est envoyé en mission.
	Commandans des corps ou détachemens militaires stationnés à *Château-Salins**	s. b.*	»	
	*Marsal**	s. b.*	»	
	Directeurs des contributions indirectes à *Château-Salins**	s. b.*	»	
	*Lunéville**	s. b.*	»	
	*Nancy**	s. b.*	»	
	*Sarrebourg**	s. b.*	»	
	Maires dans le département de la *Meurthe**	s. b.*	»	
	Officiers de gendarmerie dans le département de la *Meurthe**	s. b.*	»	
	Préfet de la *Meurthe**	s. b.*	»	
	Sous-préfets dans le département de la *Meurthe**	s. b.*	»	
Com. de police dans le dép. de l'*Ariège*	Inspecteur-général de police à la frontière d'*Espagne**	s. b.*	»	
Com. de police dans le dép. du *Gard.*	Commissaire central de police à *Nismes**	s. b.*	»	
Com. de police dans le dép. de la *H.-Gar.*	Inspecteur-général de police à la frontière d'*Espagne**	s. b.*	»	
Com. de police dans le dép. de la *Girond.*	Commissaire central de police à *Bordeaux**	s. b.*	»	
Com. de police dans le dép. des *Landes.*	Inspecteur-général de police à la frontière d'*Espagne**	s. b.*	»	
Com. de police dans le dép. des *B.-Pyr.*	Inspecteur-général de police à la frontière d'*Espagne**	s. b.*	»	
Com. de police dans le dép. des *H.-Pyr.*	Inspecteur-général de police à la frontière d'*Espagne**	s. b.*	»	
Com. de police dans le dép. des *Pyr.-Or.*	Inspecteur-général de police à la frontière d'*Espagne**	s. b.*	»	

TABLEAU N° 10,

Franchise et Contre-Seing des Intendans militaires.

DÉSIGNATION DES FONCTIONNAIRES ET DES PERSONNES autorisés à contre-signer leur correspond. de service. (Art. 353 de l'Instruct. gén.)	AUXQUELS la correspondance de service des fonctionnaires et des personnes désignés dans la colonne ci-contre doit être remise en franchise.	Forme sous laquelle la correspondance circulant en franch. doit être présentée.	Arrondissement, circonscription ou ressort dans l'étendue duquel la correspondance valablement contre-signée circule en franchise.	*Observations.*
1.	2.	3.	4.	5.
INTENDANS militaires.	Administrateurs des hospices civils dans les lieux où il n'existe pas d'hôpitaux militaires*	s. b.*	Tout le R.	
	Agens comptables des vivres et fourrages*	s. b.*	Tout le R.	
	Capitaines-rapporteurs près les Conseils de guerre*	s. b.*	Tout le R.	
	Chefs du service de la marine*	s. b.*	Tout le R.	
	Colonels chefs d'état-major des divisions militaires*	s. b.*	Tout le R.	
	Colonels faisant partie des Conseils de révision des opérations de recrutement dans les départemens cités au tableau n° 1 du présent Manuel*	s. b.*	»	
	Commandans d'artillerie*	s. b.*	Tout le R.	
	Commandans des brig. *du bat. de voltig. Corses**	s. b.*	Tout le R.	
	Commandans des brig. *de la garde mun. de Paris**	s. b.*	Tout le R.	
	Commandans des brig. *de gendarmerie**	s. b.*	Tout le R.	
	Commandans des corps militaires*	s. b.*	Tout le R.	
	Commandans d. dépôts de recrutement*	s. b.*	Tout le R.	
	Commandans d. dépôts de remonte*	s. b.*	Tout le R.	
	Commandans des détachemens militaires*	s. b.*	Tout le R.	
	Commandans des écoles royales militaires*	s. b.*	Tout le R.	
	Commandans des places, forts et postes*	s. b.*	Tout le R.	
	Commandans de succursales des dép. de remonte*	s. b.*	Tout le R.	
	Commissaires de l'inscription maritime*	s. b.*	Tout le R.	
	Commissaires aux revues*	s. b.*	Tout le R.	
	Directeurs d'artillerie*	s. b.*	Tout le R.	
	Directeur de la fabrique des pierres à feu, à *St.-Aignan**	s. b.*	»	
	Directeurs des fortifications*	s. b.*	Tout le R.	
	Directeurs des manufactures royales d'armes*	s. b.*	Tout le R.	
	Directeur de la manufacture royale de machines à vapeur *d'Indret**	s. b.*	»	
	Directeurs des subsistances militaires*	s. b.*	Tout le R.	
	Directeurs des télégraphes*	s. b.*	Ray. télég.	
	Inspecteurs des fonderies*	s. b.*	Tout le R.	
	Inspecteurs des forges*	s. b.*	Tout le R.	
	Inspecteurs des manufactures royales d'armes*	s. b.*	Tout le R.	
	Inspecteurs des poudreries*	s. b.*	Tout le R.	
	Inspecteurs des raffineries de salpêtre*	s. b.*	Tout le R.	
	Inspecteurs-généraux d'armes*	s. b.*	Tout le R.	
	Inspecteurs-généraux de gendarmerie*	s. b.*	Tout le R.	
	Intendans militaires*	s. b.*	Tout le R.	
	Lieutenans-généraux commandans les divisions militaires*	s. b.*	Tout le R.	
	Lieutenans de roi des places de guerre*	s. b.*	Tout le R.	
	Maires*	s. b.*	Tout le R.	
	Maréchaux de camp commandant les subdivisions militaires*	s. b.*	Tout le R.	
	Maréchaux de France*	s. b.*	Tout le R.	

Suite au Tableau n° 10.

DÉSIGNATION DES FONCTIONNAIRES ET DES PERSONNES autorisés à contre-signer leur correspond. de service. (Art. 353 de l'Instruct. gén.)	AUXQUELS la correspondance de service des fonctionnaires et des personnes désignés dans la colonne ci-contre doit être remise en franchise.	Forme sous laquelle la correspondanc circulant en franch. doit être présentée.	Arrondissement, circonscription ou ressort dans l'étendue duquel la correspondance valablement contre-signée circule en franchise.	*Observations.*
1.	2.	3.	4.	5.
INTENDANS militaires.	Officiers *du bataillon de voltigeurs Corses**	s. b.*	Tout le R.	
	Officiers *de la garde municipale de Paris**	s. b.*	Tout le R.	
	Officiers *de gendarmerie**	s. b.*	Tout le R.	
	Officiers comptables du service des hôpitaux militaires*	s. b.*	Tout le R.	
	Officiers généraux ou supérieurs faisant partie des Conseils de révision des opérations de recrutement dans les départ. cités au tableau n° 1 du présent Manuel*	s. b.*	»	
	Officiers du génie*	s. b.*	Tout le R.	
	Payeurs du trésor public*	s. b.*	Tout le R.	
	Préfets des départemens*	s. b.*	Tout le R.	
	Préfets maritimes*	s. b.*	Tout le R.	
	Présid. des Conseils d'adm. des comp. d'artillerie de la marine détachés à.... *Brest**	s. b.*	»	
	*Cherbourg**	s. b.*	»	
	*Lorient**.	s. b.*	»	
	*Rochefort**.	s. b.*	»	
	*Toulon**.	s. b.*	»	
	Présid. des Conseils d'adm. des comp. d'ouvriers d'artillerie de la marine à. . . *Brest**	s. b.*	»	
	*Cherbourg**	s. b.*	»	
	*Lorient**.	s. b.*	»	
	*Rochefort**	s. b.*	»	
	*Toulon**.	s. b.*	»	
	Présidens des Conseils d'administration des corps militaires*	s. b.*	Tout le R.	
	Présidens des Conseils d'administration des dépôts des équipages de ligne à. *Brest**.	s. b.*	»	
	*Cherbourg**.	s. b.*	»	
	*Lorient**	s. b.*	»	
	*Rochefort**.	s. b.*	»	
	*Toulon**.	s. b.*	»	
	Présid. des Conseils d'adm. des 2 rég. d'inf. de marine*	s. b.*	Tout le R.	
	Président du Conseil d'adm. du dépôt des 2 régimens d'infant. de la marine (dépôt colonial) à *Landerneau**	s. b.*	»	
	Présidens des Conseils d'admin. des pénitenciers milit*	s. b.*	Tout le R.	
	Présidens des Conseils de guerre*.	s. b.*	Tout le R.	
	Procureurs généraux*.	s.b.*(1)	Tout le R.	(1) L. F. dans le ressort de la C. royale
	Procureurs du Roi*	s.b.*(2)	Tout le R.	(2) L. F. dans l'arr. de Sous-Préfect.
	Sous-inspecteurs des fonderies*.	s. b.*	Tout le R.	
	Sous-inspecteurs des forges*.	s. b.*	Tout le R.	
	Sous-intendans militaires*.	s. b.*	Tout le R.	
	Sous-intendans militaires adjoints*.	s. b.*	Tout le R.	
	Sous-préfets*.	s. b.*	Tout le R.	
INTENDANT de la 1re division milit.	Receveur central des finances de la *Seine**	s. b.*	»	
	Receveur général des finances de *Seine-et-Oise**. . . .	s. b.*	»	
INTENDANT de la 4e division milit.	Receveur général des finances de la *Sarthe**	s. b.*	»	

TABLEAU N° 11.

Franchise et Contre-Seing des Sous-Intendans militaires et Sous-Intendans militaires adjoints.

DÉSIGNATION DES FONCTIONNAIRES ET DES PERSONNES autorisés à contre-signer leur correspondance de service.	AUXQUELS la correspondance de service des fonctionnaires et des personnes désignés dans la colonne ci-contre doit être remise en franchise.	Forme sous laquelle la correspondance circulent en franch. doit être présentée.	Arrondissement, circonscription ou ressort dans l'étendue duquel la correspondance valablement contre-signée circule en franchise.	*Observations.*
1.	2.	3.	4.	5.
Sous-Intendans militaires et Sous-Intendans milit. adjoints.	Administrateurs des hospices civils, dans les lieux où il n'existe pas d'hôpitaux militaires*	s. b.	Tout le R.	
	Agens comptables des vivres et fourrages*	s. b.	Tout le R.	
	Capitaines-rapporteurs près les Conseils de guerre*	s. b.	Tout le R.	
	Chefs du service de la marine*	s. b.	Tout le R.	
	Colonels chefs d'état-major des divisions militaires*	s. b.	Tout le R.	
	Colonels faisant partie des Conseils de révision des opérations de recrutement, dans les départemens cités au tableau n° 1 du présent Manuel*	s. b.	»	
	Command. d'artillerie*	s. b.	Tout le R.	
	Command. d. brigad. *de la garde municip. de Paris**	s. b.	Tout le R.	
	Command. d. brigad. *de gendarmerie**	s. b.	Tout le R.	
	Command. d. brigad. *du bataillon de voltigeurs Corses**	s. b.	Tout le R.	
	Command. des corps militaires*	s. b.	Tout le R.	
	Command. d. dépôts de recrutement*	s. b.	Tout le R.	
	Command. d. dépôts de remonte*	s. b.	Tout le R.	
	Command. des détachemens militaires*	s. b.	Tout le R.	
	Command. des écoles royales militaires*	s. b.	Tout le R.	
	Command. des places, forts et postes*	s. b.	Tout le R.	
	Command. des succursales des dépôts de remonte*	s. b.	Tout le R.	
	Commissaires de l'inscription maritime*	s. b.	Tout le R.	
	Commissaires aux revues*	s. b.	Tout le R.	
	Directeurs d'artillerie*	s. b.	Tout le R.	
	Directeurs de la fabrique de pierres à feu, à *S.-Aignan**	s. b.	»	
	Directeurs des fortifications*	s. b.	Tout le R.	
	Directeurs des manufactures royales d'armes*	s. b.	Tout le R.	
	Directeurs de la manuf. royale de machines à vapeur d'*Indret**	s. b.	»	
	Directeurs de substances militaires*	s. b.	Tout le R.	
	Inspect. des fonderies*	s. b.	Tout le R.	
	Inspect. des forges*	s. b.	Tout le R.	
	Inspect. des manufactures royales d'armes*	s. b.	Tout le R.	
	Inspect. des poudreries*	s. b.	Tout le R.	
	Inspect. des raffineries de salpêtre*	s. b.	Tout le R.	
	Inspecteurs-généraux d'armes*	s. b.	Tout le R.	
	Inspecteurs-généraux de gendarmerie*	s. b.	Tout le R.	
	Intendans militaires*	s. b.	Tout le R.	
	Lieutenans-généraux comm. les divisions militaires*	s. b.	Tout le R.	
	Lieutenans de roi des places de guerre*	s. b.	Tout le R.	
	Maires*	s. b.	Tout le R.	
	Maréchaux de camp command. les subdivisions milit.*	s. b.	Tout le R.	
	Maréchaux de France*	s. b.	Tout le R.	
	Officiers.. *du bataillon de voltigeurs Corses**	s. b.	Tout le R.	
	Officiers.. *de la garde municipale de Paris*	s. b.	Tout le R.	
	Officiers.. *de gendarmerie**	s. b.	Tout le R.	
	Officiers comptables du service des hôpitaux militaires*	s. b.	Tout le R	
	Officiers-gén. ou supér. faisant partie des Conseils de révision des opérations de recrutement, dans les départemens cités au tableau n° 1 du présent Manuel*	s. b.	»	
	Officiers du genie*	s. b.	Tout le R.	
	Payeurs du trésor public*	s. b.	Divis. mil.	
	Préfets des départemens*	s. b.	Tout le R.	
	Préfets maritimes*	s. b.	Tout le R.	

Suite au Tableau n° 11.

DÉSIGNATION DES FONCTIONNAIRES ET DES PERSONNES autorisés à contre-signer leur correspondance de service.	AUXQUELS la correspondance de service des fonctionnaires et des personnes désignés dans la colonne ci-contre doit être remise en franchise.	Forme sous laquelle la correspondanc circu. lent en franch. doit être présentée.	Arrondissement, circonscription ou ressort dans l'étendue duquel la correspondance valablement contresignée circule en franchise.	Observations.
1.	2.	3.	4.	5.
Sous-Intendans militaires et Sous-Intendans milit. adjoints.	Présidens des Conseils d'admin. des compagnies d'artillerie de la marine, des compagnies d'ouvriers d'artillerie de la marine, à *Brest**	s. b.	»	
	*Cherbourg**	s. b.	»	
	*Lorient**	s. b.	»	
	*Rochefort**	s. b.	»	
	*Toulon**	s. b.	»	
	Présidens des Conseils d'admin. des corps militaires*	s. b.	Tout le R.	
	Présidens des Conseils d'admin. des 2 régimens d'infanterie de la marine*	s. b.	Tout le R.	
	Présidens des Conseils d'administration des dépôts des équipages de ligne à *Brest**	s. b.	»	
	*Cherbourg**	s. b.	»	
	*Lorient**	s. b.	»	
	*Rochefort**	s. b.	»	
	*Toulon**	s. b.	»	
	Président du Conseil d'administr. du dépôt des régimens d'infanterie de la marine (dépôt colonial) à *Landerneau**	s. b.	»	
	Présidens des Conseils d'administration des pénitenciers militaires*	s. b.	Tout le R.	
	Présidens des Conseils de guerre*	s. b.	Tout le R.	
	Procureurs généraux*	L. f.	C. roy.	
	Procureurs du Roi*	s.b.(1)	Dép.	(1) L. F. dans l'arrondissem. de sous-préfecture.
	Sous-Inspecteurs des fonderies*	s. b.	Tout le R.	
	Sous-Inspecteurs des forges*	s. b.	Tout le R.	
	Sous-intendans militaires*	s. b.	Tout le R.	
	Sous-intendans militaires adjoints*	s. b.	Tout le R.	
	Sous-préfets*	s. b.	Tout le R.	
Sous-intend. militaire à *St-Omer*.	Agens d'administ. de l'atelier du fort *Saint-François**.	s. b.	»	
Sous-intend. milit. attaché à l'Ecole polytechique.	Receveur central des Finances de la *Seine**	s. b.	»	
Sous-intend. militaire chargé de l'Ec. de la *Flèche*, résidant au *Mans*	Receveur général de la *Sarthe**	s. b.	»	
Sous-intend. militaire chargé de l'Ec. de *St.-Cyr*, résid. à *Versailles*	Receveur général de *Seine-et-Oise**	s. b.	»	

TABLEAU N° 12.

Franchise et Contre-Seing des Procureurs généraux.

DÉSIGNATION DES FONCTIONNAIRES ET DES PERSONNES — autorisés à contre-signer leur correspond. de service. (Art. 353 de l'Instruct. gén.)	AUXQUELS la correspondance de service des fonctionnaires et des personnes désignés dans la colonne ci-contre doit être remise en franchise.	Forme sous laquelle la correspondance circulant en franch. doit être présentée.	Arrondissement, circonscription ou ressort dans l'étendue duquel la correspondance valablement contre-signée circule en franchise.	*Observations.*
1.	2.	3.	4.	5.
PROCUREURS généraux. (3)	Adjoints des maires exerçant le ministère public, près les tribunaux de simple police*	s.b.*	C. roy.	
	Archevêques*	s.b.*	C. roy.	
	Capitaines-rapporteurs près les Conseils de guerre*	s.b.*	Tout le R.	
	Chefs du service des chiourmes*	s.b.*	Dép. (1)	(1) Cette franchise peut s'étendre aux départemens limitrophes.
	Commandans des brigades *du bataillon de voltigeurs corses**	s.b.*	Tout le R.	
	Commandans des brigades *de la garde municipale de Paris.**	s.b.*	Tout le R.	
	Commandans des brigades *de gendarmerie**	s.b.*	Tout le R.	
	Commissaires de police*	s.b.*	C. roy.	
	Conservateurs des forêts*	s.b.*	Conserv. for. 2	(2) Cette franchise peut s'étendre aux conservations forestières limitroph.
	Directeurs.. de l'enregistrement et de domaines*	s.b.*	C. roy.	
	Directeurs.. des maisons centrales de détention*	s.b.*	Tout le R.	
	Directeurs.. des postes*	s.b.*	C. roy.	
	Directeurs.. des télégraphes*	s.b.*	Ray. télég.	
	Évêques*	s.b.*	C. roy.	
	Grands-vicaires capitulaires*	s.b.*	C. roy.	
	Greffiers des Cours et Tribunaux*	s.b.*	C. roy.	
	Inspecteurs des Ecoles primaires*	s.b.*	C. roy.	
	Inspecteurs-généraux des études en *tournée**	s.b.*	Tout le R.	
	Inspecteurs-généraux de gendarmerie*	s.b.*	Tout le R.	(3) Les procureurs généraux reçoivent en franchise, sans condition de contre seing, les lettres et dépêches qui leur sont adressées des lieux situés dans le ressort de leur parquet.
	Intendans militaires*	s.b.*	Tout le R.	
	Juges d'instruction*	s.b.*	Tout le R.	
	Juges de paix*	s.b.*	Tout le R.	
	Lieutenans généraux comm. les divisions militaires*	s.b.*	Tout le R.	
	Maires*	s.b.*	C. roy.	
	Maréchaux-de-camp comm. les subdiv. militaires*	s.b.*	C. roy.	
	Officiers...... *du bataillon de voltigeurs corses.**	s.b.*	Tout le R.	
	Officiers...... *de la garde municipale de Paris**	s.b.*	Tout le R.	
	Officiers...... *de gendarmerie**	s.b.*	Tout le R.	
	Préfets des départemens*	s b.*	C. roy.	
	Préfets maritim à........ *Brest**	s.b.*	»	
	Préfets maritim à........ *Rochefort**	s.b.*	»	
	Préfets maritim à........ *Toulon**	s.b.*	»	
	Premiers présidens des Cours royales*	s.b.*	C. roy.	
	Présidens des Conseils de guerre*	s.b.*	Tout le R.	
	Présidens des Cours et Tribunaux*	s.b.*	C. roy.	
	Procureurs généraux*	s.b.*	Tout le R.	
	Procureurs du Roi*	s.b* 4.	Tout le R.	(4) L. F. dans l'arr. de S.-pr.
	Proviseurs des collèges royaux*	s.b.*	C. roy.	
	Recteurs d'académie*	s.b.*	C. roy.	
	Sous-inspecteurs des Ecoles primaires*	s.b.*	C. roy.	
	Sous-intendans militaires*	s. b.*	C. roy.	
	Sous-intendans militaires adjoints*	s. b.*	C. roy.	
	Sous-préfets*	s. b.*	C. roy.	
Procureurs génér. des départ. frontières.	Autorités étrangères des pays limitrophes*	s. b.*	»	

TABLEAU N° 13.

Franchise et Contre-Seing des Procureurs du Roi.

DÉSIGNATION DES FONCTIONNAIRES ET DES PERSONNES autorisés à contre-signer leur correspond. de service. (Art. 353 de l'Instruct. gén.)	AUXQUELS la correspondance de service des fonctionnaires et des personnes désignés dans la colonne ci-contre doit-être remise en franchise.	Forme sous laquelle la correspondance circulant en franch. doit-être présentée	Arrondissement, circonscription ou ressort dans l'étendue duquel la correspondance valablement contre-signée circule en franchise.	*Observations.*
1.	2.	3.	4.	5.
PROCUREURS DU ROI près les Cours d'assises (1)	Adjoints des maires exerçant le ministère public près les tribunaux de simple police*	s. b.*	Dép.	(1) Le contre-seing ici attribué aux procureurs du Roi près les Cours d'assises est indépendant du contre seing auquel les magistrats qui en exercent les fonctions ont déjà droit en leur qualité de procureurs du roi près les tribunaux de première instance (Voir ci-dessous.) Les procureurs du roi près les Cours d'assises reçoivent en franchise sans condition de contre-seing, les lettres et dépêches qui leur sont adressées des lieux situés dans le ressort de la Cour d'assises.
	Commissaires de police*	s. b.*	Dép.	
	Maires*	s. b.*	Dép.	
	Sous-préfets*	s. b.*	Dép.	
PROCUREURS DU ROI près les tribunaux de 1re instance. (4)	Adjoints des maires exerçant le ministère public près les tribunaux de simple police*	s. b.*	Arr. s.-p.	
	Archevêques*	L. f.	Circ. dioc.	
	Capitaines-rapporteurs près les Conseils de guerre*	s. b.*	Tout le R.	
	Chefs du service des chiourmes*	s. b.*	Dép. (2)	
	Command. des brigades. *du bataillon de voltigeurs corses.**	s. b.*	Tout le R.	(2) Cette franchise peut s'étendre aux départem. limitrophes.
	Command. des brigades. *de la garde municipale de Paris.**	s. b.*	Tout le R.	
	Command. des brigades. *de gendarmerie**	s. b.*	Tout le R.	
	Commandans du génie*	s. b.*	Dép.	
	Commissaires de police*	s. b.*	Arr. s.-pr.	
	Conservateurs des forêts*	s. b.*	Conserv. for. 3	(3) Cette franchise s'étend même aux conservat. forestières limitrophes.
	Conservateurs des hypothèques*	s. b.*	Arr. s.-pr.	
	Directeurs.. de l'enregistrement et des domaines*	s. b.*	Dép.	
	Directeurs.. des fortifications*	s. b.*	Dir. du gén.	
	Directeurs.. des maisons centrales de détention*	s. b.*	Tout le R.	(4) Les procureurs du roi près les tribunaux de première instance reçoivent en franchise, sans condition de contre-seing, les lettres et dépêches qui leur sont adressées des lieux situés dans le ressort de leur parquet.
	Directeurs.. des postes*	s. b.*	Arr. s.-pr.	
	Directeurs.. des télégraphes*	s. b.*	Ray. télég.	
	Évêques*	L. f.	Circ. dioc.	
	Gardes à cheval des forêts*	s. b.*	Conserv. for. 3	
	Gardes généraux des forêts*	s. b.*	Conserv. for. 3	
	Grands vicaires capitulaires*	s. b.*	Circ. dioc.	
	Inspecteurs des Écoles primaires*	s. b.*	Dép.	
	Inspecteurs des forêts*	s. b.*	Conserv. for. 3	
	Inspecteurs généraux des études en *tournée**	s. b.*	Tout le R.	
	Inspecteurs généraux de gendarmerie*	s. b.*	Tout le R.	
	Intendans militaires*	s. b.*	Tout le R.	
	Juges d'instruction*	s. b.*	Tout le R.	
	Juges de paix*	s. b.*	Tout le R.	
	Lieutenans généraux comm. les divisions militaires*	s. b.*	Tout le R.	
	Maires*	s. b.*	Arr. s.-pr.	
	Maréchaux de camp comm. les subdivisions militaires*	s. b.*	Subd. milit.	
	Officiers.... *du bataillon de voltigeurs corses**	s. b.*	Tout le R.	
	Officiers.... *de la garde municipale de Paris**	s. b.*	Tout le R.	
	Officiers.... *de gendarmerie**	s. b.*	Tout le R.	
	Préfets des départemens*	s. b.*	Dép.	
	Préfets maritimes à *Brest**	s. b.*	»	
	Préfets maritimes à *Rochefort**	s. b.*	»	
	Préfets maritimes à *Toulon**	s. b.*	»	

DÉSIGNATION DES FONCTIONNAIRES ET DES PERSONNES		Forme sous laquelle la correspondanc circul. lant en franch. doit être pré. sentée.	Arrondissement, circonscription ou ressort dans l'étendue duquel la correspondance valablement contre-signée circule en franchise.	*Observations.*
autorisés à contre-signer leur correspond. de service. (Art 353 de l'Instruct. gén.)	AUXQUELS la correspondance de service des fonctionnaires et des personnes désignés dans la colonne ci-contre doit être remise en franchise.			
1.	2.	3.	4.	5.
PROCUREURS DU ROI près les tribun. de 1re instance.	Premiers présidens des Cours royales*	s. b.*	C. roy.	
	Présidens des Conseils de guerre*	s. b.*	Tout le R.	
	Présidens des Cours d'assises*	s. b.*	Dép. où se tiennent les assises (1)	(1) Cette franchise s'étend même au lieu de la résidence ordinaire des présidens des Cours d'ass-
	Procureurs généraux*	s. b.* 2	Tout le R.	(2) L. F. dans le ressort de la Cour royale.
	Procureurs du Roi*	s. b.*	Tout le R.	
	Receveurs de l'enregistrement et des domaines*	s. b.*	Arr. s.-préf.	
	Recteurs d'académie*	s. b.*	Arr. acad.	
	Sous-inspecteurs des Écoles primaires*	s. b.*	Dép.	
	Sous-inspecteurs des forêts*	s. b.*	Conserv. for. 3	(3) Cette franchise peut s'étendre aux conservat. forestières limitrophes.
	Sous-intendans militaires*	s. b.*	Dép.	
	Sous-intendans militaires adjoints*	s. b.*	Dép.	
	Sous-préfet*	s. b.*	Arr. s.-pr.	
PROCUREURS DU ROI des départemens frontières.	Autorités étrangères des pays limitrophes*	s. b.*	»	
PROCUREURS DU ROI dans le départ. de la *Nièvre*.	Directeurs des forges de la marine à Guerigny*	s. b.*	»	
PROVISEURS des Collèges royaux.	Contrôleurs des contributions directes*	s. b.*	Arr. s.-préf.	
	Directeurs des contributions directes*	s. b.*	Dép.	
	Inspecteurs d'académie*	s. b.*	Arr. acad.	
	Inspecteurs généraux des études, en tournée*	s. b.*	Tout le R.	
	Premiers présidens des Cours royales*	s. b.*	C. roy.	
	Procureurs généraux*	L. l.*	C. roy.	
	Recteurs d'académie*	s. b.*	Arr. acad.	

TABLEAU N° 14.

Franchise et Contre-Seing des Sous-Préfets.

DÉSIGNATION DES FONCTIONNAIRES ET DES PERSONNES autorisés à contre-signer leur correspond. de service. (Art. 353 de l'Instruct. gén.)	AUXQUELS la correspondance de service des fonctionnaires et des personnes désignés dans la colonne ci-contre doit être remise en franchise.	Forme sous laquelle la correspondance circulant en franch. doit être présentée.	Arrondissement, circonscription ou ressort dans l'étendue duquel la correspondance valablement contre-signée circule en franchise.	*Observations.*
1.	2.	3.	4.	5.
SOUS-PRÉFETS.	Administrateurs des établissemens de bienfaisance*	s. b.*	Arr. s.-pr.	
	Agens généraux des remontes des Haras*	s. b.*	Circ. har.	
	Agens-voyers d'arrondissement*	s. b.*	Arr. s-pr. (1)	(1) cette franchise s'étend meme aux arrondissemens limitrophes si le service des destinataires porte sur deux arrondis., mais sans jamais dépasser les limites du départem.
	Agens-voyers de canton*	s. b.*	Arr. s-pr. (1)	
	Agens-voyers en chef*	s. b.*	Dép.	
	Archevêques*	s. b.*	Circ. dioc.	
	Chefs du service de la marine*	s. b.*	Tout le R.	
	Colonels chefs d'état-major des divisions militaires*	s. b.*	Div. milit.	
	Commandans. . . des dépôts de remonte de la guerre*	s. b.*	Cir. dép. de R.	
	Commandans. . . du génie*	s. b.*	Dép.	
	Commandans. . . des succursales des dépôts de rem.*	s. b.*	Cir. dép. de R.	
	Commandans des brigades. *du bataillon de voltigeurs corses**	s. b.*	Arr. s.-pr.	
	Commandans des brigades. *de la Garde municipale de Paris**	s. b.*	Arr. s.-pr.	
	Commandans des brigades. *de Gendarmerie**	s. b.*	Arr. s.-pr.	
	Commissaires de l'inscription maritime*	s. b.*	Tout le R.	
	Commissaires de police*	s. b.*	Arr. s.-pr.	
	Commissaires aux revues*	s. b.*	Tout le R.	
	Commissaires-voyers*	s. b.*	Arr. s.-pr.	
	Conservateurs des forêts*	s. b.*	Conserv. for.	
	Contrôleurs des contributions directes*	s. b.*	Arr. s.-pr.	
	Curés*	s. b.*	Arr. s.-pr.	
	Desservants*	s. b.*	Arr. s.-pr.	
	Directeurs. . . . . . d'artillerie*	s. b.*	Dir. d'art.	
	Directeurs. . . . . . des contributions directes*	s. b.*	Dép.	
	Directeurs. . . . . . des dépôts d'étalons*	s. b.*	Circ. har.	
	Directeurs. . . . . . des écoles vétérinaires*	s. b.*	Arr. s.-pr.	
	Directeurs. . . . . . des fortifications*	s. b.*	Dir. du gén.	
	Directeurs. . . . . . des haras*	s. b.*	Circ. har.	
	Directeurs. . . . . . des maisons centrales de détention*	s. b.*	Arr. s.-pr.	
	Directeurs. . . . . . des postes*	s. b.*	Arr. s.-pr.	
	Directeurs. . . . . . du service de surveill. de fourniture des bois de marine*	s. b.*	»	
	Directeurs. . . . . . des télégraphes*	s. b.*	Ray. télég.	
	Evêques*	s. b.*	Cir. dioc.	
	Gardes généraux des forêts*	s. b.*	Conserv. for.	
	Grands vicaires capitulaires*	s. b.*	Circ. dioc.	
	Ingén. en chef. . des mines*	s. b.*	Ar. ing. en ch. m	
	Ingén. en chef. . des ponts et chaussées*	s. b.*	Dép.	
	Ingénieurs ordin. des mines*	s. b.*	Arg. ing. ord. m.	
	Ingénieurs ordin. des ponts et chaussées*	s. b.*	Dép.	
	Inspecteurs. . . . . des contributions directes*	s. b.*	Dép.	
	Inspecteurs. . . . . des écoles primaires*	s. b.*	Dép.	
	Inspecteurs. . . . . des finances*	s. b.*	Tout le R.	
	Inspecteurs. . . . . des forêts*	s. b.*	Conserv. for.	
	Inspecteurs. . . . . des postes*	s. b.*	Dép.	

DÉSIGNATION DES FONCTIONNAIRES ET DES PERSONNES		Forme sous laquelle la correspondance circulant en franch. doit être présentée.	Arrondissement, circonscription ou ressort dans l'étendue duquel la correspondance valablement contre-signée circule en franchise.	*Observations.*
autorisés à contre-signer leur correspond. de service. (Art. 353 de l'Instruct. gén.)	AUXQUELS la correspondance de service des fonctionnaires et des personnes désignés dans la colonne ci-contre doit être remise en franchise.			
1.	2.	3.	4.	5.
	Insp. divisionn.. des mines*..	s. b. *	Div. insp. m.	
	Insp. divisionn.. des ponts et chaussées*	s. b. *	arr. insp. div. p. ch.	
	Inspecteurs géné. d'armes*..	s. b. *	arr. insp. g. d'arm.	
	Inspecteurs géné. des bergeries royales*	s. b. *	Tout le R.	
	Inspecteurs géné. des écoles vétérinaires*	s. b. *	Tout le R.	
	Inspecteurs géné. des finances*	s. b. *	Tout le R.	
	Inspecteurs géné. de gendarmerie*	s. b. *	Tout le R.	
	Inspecteurs géné. des haras*..	s. b. *	Tout le R.	
	Intendans militaires*	s. b. *	Tout le R.	
	Juges d'instruction*..	s. b. *	Arr. s.-pr.	
	Juges de paix*	s. b. *	Arr. s.-pr.	
	Lieuten.-génér. commandant les divisions militaires*	s. b. *	Div. mil.	
	Maires*	s. b. *	Arr. s.-pr.	
	Maîtres charpentiers entretenus*	s. b. *	Circ. m. charp	
	Maréchaux de camp comm. les subdivisions militaires*	s. b. *	Subd. mil.	
	Membres du Conseil des Haras*	s. b. *	Arr. s.-pr.	
	Officiers........ *du bataillon de voltigeurs Corses*..*	s. b. *	Tout le R.	
	Officiers........ *de la garde municipale de Paris*..*	s. b. *	Tout le R.	
	Officiers........ *de gendarmerie**	s. b. *	Tout le R.	
	Pasteurs........ de la confession d'Augsbourg*	s. b. *	Arr. s.-pr.	
	Pasteurs........ des églises réformées*	s. b. *	Arr. s.-pr.	
	Percepteurs*..	s. b. *	Arr. s.-pr.	
	Préfets des départemens*	s. b. *	Dép.	
	Préfets maritimes*	s. b. *	Tout le R.	
SOUS-PRÉFETS.	Premiers présidens des Cours royales*	s. b. *	C. roy.	
	Présid. des comités d'arrondiss. de l'instruction prim.*	s. b. *	Arr. s.-pr.	
	Prés. des consistoires locaux de la confess. d'Augsbourg*	s. b. *	Arr. s.-pr.	
	Présidens des Cours d'assises*	s. b. *	Département où se tiennent les assises (1)	(1) Cette franchise s'étend même au lieu de la résidence ordinaire des présidens des Cours d'assises.
	Procureurs-généraux*	L. f.	C. roy.	
	Procureurs du roi près les Cours d'assises*	L. f.	C. d'ass.	
	Procureurs du roi près les tribunaux de 1re instance*	L. f.	Arr. s.-pr.	
	Receveurs des établissemens de bienfaisance*	s. b. *	Arr. s.-pr.	
	Receveurs généraux des finances*..	s. b. *	Dép.	
	Receveurs municipaux*	s. b. *	Arr. s.-pr.	
	Recteurs d'académie*	s. b. *	Arr. acad.	
	Régisseurs des bergeries royales*	s. b. *	Arr. s.-pr.	
	Sous-inspecteurs des écoles primaires*	s. b. *	Dép.	
	Sous-inspecteurs des forêts*	s. b. *	Conserv. for.	
	Sous-intendans militaires*	s. b. *	Tout le R.	
	Sous-intendans militaires adjoints*	s. b. *	Tout le R.	
	Sous-préfets*	s. b. *	Dép. (2)	(2) Cette franchise s'étend aux arrondissemens d'un département voisin qui sont limitrophes de l'arrondissement du contre-signataire.
	Succursalistes*	s. b. *	Arr. s.-pr.	
	Vérificateurs des armes de la garde nationale (officier)*	s. b. *	Ar. vér. arm.	
	Vérificateurs des poids et mesures*	s. b. *	Arr. s.-p.	

DÉSIGNATION DES FONCTIONNAIRES ET DES PERSONNES autorisés à contre-signer leur correspond. de service. (Art. 353 de l'Instruct. gén.)	AUXQUELS la correspondance de service des fonctionnaires et de personnes désignés dans la colonne ci-contre doit-être remise en franchise.	Forme sous laquelle la correspondanc circulant en franch. doit être présentée.	Arrondissement, circonscription ou ressort dans l'étendue duquel la correspondance valablement contre-signée circule en franchise.	Observations.
1.	2.	3.	4.	5.
S.-préfets *faisant fonctions de S.-intend. militaires dans les villes où il n'en existe pas.*	Lieuten. de Roi. Maires......... faisant fonctions de sous-intendans militaires dans les lieux où il n'en existe pas (1)*	s. b.*	Dép.	(1) Pour l'envoi seulement des pièces relatives au service des vivres et fourrages.
	Prés. des Conseils d'administrat. des corps militaires*.......	s. b.*	Dép.	
	Prés. des Conseils d'administrat. des pénitenciers militaires*....	s. b.*	Dép.	
	Sous-préfets.... faisant fonctions de sous-intendans militaires dans les lieux où il n'en existe pas (1)*.........	s. b.*	Dép.	
S.-pr. à *Abbeville.*	Présid. semainier de la commission sanitaire à *Saint-Valery-sur-Somme**...............	s. b.*	»	
S.-préf. à *Argellez.*	Inspecteur-général de police à la frontière *d'Espagne.**	s. b.*	»	
S.-préf. à *Autun..*	Ingénieur des ponts et chaussées résidant à *Châlons-sur-Saône*, chargé des expériences relatives à l'entretien des routes, dans les départemens *de la Côte-d'Or*, du *Rhône* et de *Saône-et-Loire**..........	s. b.*	(2)	(2) En quelque lieu des trois départemens désignés ci-contre, que soit cet ingénieur.
S.-préf. à *Avesnes.*	Directeurs de douanes à *Valenciennes**........	s. b.*	»	
S.-pr. à *Avranches.*	Prés. semainier de la commission sanitaire à *Granville**	s. b.*	»	
S.-p. à *Bag. en Big.*	Inspecteur général de police à la frontière d'*Espagne**.	s. b.*	»	
S.-préf. à *Bastia..*	Commissaires spéciaux des Douanes en *Corse**.....	s. b.*	Dép.	
S.-préf. à *Bayonne.*	Inspecteurs général de police à la frontière d'*Espagne**	s. b.*	»	
	Préfets*........................	s. b.*	Tout le R.	
S.-préf. à *Beaune.*	Ingénieur des ponts et chaussées résidant à *Châlons-sur-Saône*, chargé des expériences relatives à l'entretien des routes, dans les départemens de la *Côte-d'Or*, du *Rhône* et de *Saône-et-Loire**..........	s. b.*	(3)	(3) En quelque lieu des trois départemens désignés ci-contre que soit cet ingénieur.
S.-préf. à *Béthune.*	Directeur des douanes à *Dunkerque**........	s. b.*	»	
S.-préf. à *Calvi...*	Commissaires spéciaux des douanes en *Corse**.....	s. b.*	Dép.	
S.-préf. à *Cambrai.*	Directeurs des douanes à *Valenciennes**.......	s. b.*	»	
S.-préf. à *Céret...*	Inspecteur général de police à la frontière d'*Espagne.**	s. b.*	»	
S.-préf. à *Châlons-sur-Saône......*	Ingénieur des ponts et chaussées résidant à *Châlons-sur-Saône*, chargé des expériences relatives à l'entretien des routes, dans les départemens de la *Côte-d'Or*, du *Rhône* et de *Saône-et-Loire**..........	s. b.*	(4)	(4) En quelque lieu des trois départemens désignés ci-contre que soit cet ingénieur.
S.-préf. à *Charolles.*	Ingénieur des ponts et chaussées résidant à *Châlons-sur-Saône*, chargé des expériences relatives à l'entretien des routes dans les départemens de la *Côte-d'Or*, du *Rhône* et de *Saône-et-Loire**..........	s. b.*	(4)	(4) En quelque lieu des trois départemens désignés ci-contre que soit cet ingénieur
S.-préf. à *Château-Salins.........*	Commissaires de police.......... à *Dieuze**....	s. b.*	(5)	(5) Cette franchise s'étend à tous les lieux où les deux commissaires de police peuvent être envoyés en mission.
	Commissaires de police.......... à *Vic**.....	s. b.*	(5)	
S.-préf. à *Châtillon-sur-Seine......*	Ingénieurs des ponts et chaussées résidant à *Châlons-sur-Saône*, chargé des expériences relatives à l'entretien des routes, dans les départemens de la *Côte-d'Or*, du *Rhône* et de *Saône-et-Loire**..........	s. b.*	(6)	(6) En quelque lieu des trois départemens désignés ci-contre que soit cet ingénieur.
S.-préf. à *Corté...*	Commissaires spéciaux des douanes en *Corse**....	s. b.*	Dép.	
S.-pr. à *Coutances.*	Présid. semainiers des commissions sanitaires à........ *Cherbourg**...	s. b.*	»	
	Présid. semainiers des commissions sanitaires à........ *Granville**...	s. b.*	»	
S.-préf. à *Dax....*	Inspecteur général de police à la frontière d'*Espagne**.	s. b.*	»	

DÉSIGNATION DES FONCTIONNAIRES ET DES PERSONNES		Forme sous laquelle la correspondance circulant en franchise doit-être présentée.	Arrondissement circonscription ou ressort dans l'étendue duquel la correspondance valablement contre-signée circule en franchise.	Observations.
autorisés à contre-signer leur correspond. de service. (Art. 353 de l'Instruct. gén.)	AUXQUELS la correspondance de service des fonctionnaires et des personnes désignés dans la colonne ci-contre doit être remise en franchise.			
1.	2.	3.	4.	5.
S.-préf. à *Dinan*..	Présid. semainiers des commissions sanitaires à. . . . . *Lannion**. . . .	s. b.*	»	
	*Paimpol**. . . .	s. b.*	»	
	*Saint-Brieuc**. .	s. b.*	»	
S.-préf. à *Douai*..	Directeur des douanes à. . . . . . . *Dunkerque**. . .	s. b.*	»	
	*Valenciennes**. .	s. b.*	»	
S.- préf. à *Gex*....	Ambassadeur de France près la *confédération Suisse**. .	L.f.	»	
	Ambassadeur de France à *Turin**.	L.f.	»	
	Commissaire en chef des douanes à *Saint-Genis**.. . .	s. b.*	»	
	Commiss. particulier des douanes à. . . . . *Collonge**. . . .	s. b.*	»	
	*Gex**.	s. b.*	»	
S.-préf. à *Gien*....	Commissaire-voyer du département du *Loiret**.	s. b.*	»	
S.-pr. à *Guingamp*.	Présidens semainiers des commissions sanitaires à. . . . . *Lannion**. . .	s. b.*	»	
	*Paimpol**. . .	s. b.*	»	
	*Saint-Brieuc**.	s. b.*	»	
S.-p. à *Hazebrouck*.	Directeur des douanes à *Dunkerque**.	s. b.*	»	
S.-préf. à *Lannion*.	Présidens semainiers des commissions sanitaires à. . . . . *Paimpol**. . .	s. b.*	»	
	*Saint-Brieuc**.	s. b.*	»	
S.-préf. à *Louhans*.	Ingén. des ponts et chaussées résid. à *Châlons-s.-Saône* chargé des expériences relatives à l'entretien des routes dans les départemens de la *Côte-d'Or*, du *Rhône* et de *Saône-et-Loire**	s. b.*	(1)	(1) En quelque lieu des trois départemens désignés ci-contre que soit cet ingénieur.
S.-pr. à *Lunéville*..	Commissaire de police à. . . . . *Dieuze**.	s. b.*	(2)	(2) Cette franchise s'étend à tous les lieux où les deux commssaires de police peuvent être envoyés en mission.
	*Vic**.	s. b.*		
S.-pr. à *Mauléon*..	Inspecteur général de police à la frontière d'*Espagne**	s. b.*	»	
S.-pr. à *Montargis*.	Commissaire-voyer du département du *Loiret**.	s. b.*	»	
S.-pr. à *Muret*....	Inspecteur général de police à la frontière d'*Espagne**.	s. b.*	»	
S.-pr. à *Narbonne*.	Préfet de l'*Hérault**.	s. b.*	»	
	Préfet des *Pyrénées-Orientales**.	s. b.*	»	
S.-pr. à *Oléron*....	Inspecteur général de police à la frontière d'*Espagne**	s. b.*	»	
S.-pr. à *Orthez*....	Inspecteur général de police à la frontière d'*Espagne**	s b.*	»	
S.-pr. à *Pamiers*. .	Inspecteur général de police à la frontière d'*Espagne**	s. b.*	»	
S.-pr. à *Pithiviers*.	Commissaire-voyer du département du *Loiret**.	s. b.*	»	
S.-pr. à *Prades*. ..	Inspecteur général de police à la frontière d'*Espagne**	s. b.*	»	
S.-pr. à *S.-Denis*..	Capitaines-d'armement de la garde nationale*.	s. b.*	Arr. s. pr.	
	Ingén. en chef des ponts et chaussées de *Seine-et-Oise**	s. b.*	»	
S.-pr. à *S.-Etienne*	Préfet du *Rhône**..	s. b.*	»	
S.-pr. à *S.-Gaudens*	Inspecteur général de police à la frontière d'*Espagne**.	s. b.*	»	
S.-pr. à *S.-Girons*.	Inspecteur général de police à la frontière d'*Espagne**.	s. b.*	»	
S.-pr. à *S.-Malo*..	Préfet des *Côtes-du-Nord**.	s. b.*	»	
S.-pr. à *S.-Quentin*	Directeur des douanes à *Valenciennes**.	s. b.*	»	
S.-pr. à *St.-Sever*..	Inspecteur général de police à la frontière d'*Espagne**.	s. b.*	»	
S.-pr. à *Sarrebourg*	Commissaires de police à.. . . . . *Dieuze**	s. b.*	(3)	(3) Cette franchise s'étend à tous les lieux où les deux commissaires de police peuvent être envoyés en mission.
	*Vic**	s. b.*	»	

DÉSIGNATION DES FONCTIONNAIRES ET DES PERSONNES autorisés à contre-signer leur correspond. de service. (Art. 353 de l'Instruct. gén.) 1.	AUXQUELS la correspondance de service des fonctionnaires et des personnes désignés dans la colonne ci-contre doit être remise en franchise. 2.	Forme sous laquelle la correspondance circulant en franch. doit etre présentée 3.	Arrondissement, circonscription ou ressort dans l'étendue duquel la correspondance valablement contre-signée circule en franchise. 4.	*Observations.* 5.
S.-pr. à *Sartène*...	Commissaires spéciaux des douanes en *Corse**......	s. b.*	Dép.	
S.-pr. à *Savenay*..	Inspecteur des douanes à *Guérande**..........	s. b.*	»	
S.-pr. à *Sceaux*...	Capitaine-d'armement de la garde nationale*......	s. b.*	Arr. s. pr.	
	Directeur de la maison royale de *Charenton**......	s. b.*	»	
	Ingén. en chef des ponts et chaussées de *Seine-et-Oise**	s. b.*	»	
S.-pr. à *Sémur*....	Ingén. des ponts et chaussées résidant à *Châlons-sur-Saône*, chargé des expériences relatives à l'entretien des routes dans les départemens de la *Côte-d'Or*, du *Rhône* et de *Saône-et-Loire**..............	s. b.*	(1)	(1) En quelque lieu des trois départemens désignés ci-contre que soit cet ingénieur.
S.-préf. à *Toul*....	Commissaires de police. ..... *Dieuze**......	s.b.*	(2)	(2) Cette franchise s'étend à tous les lieux où les deux commissaires de police peuvent etre envoyés en mission.
	*Vic**........	s.b.*		
S.-préf. à *Toulon*..	Intendant civil à *Alger**.................	s. b.*	»	
	Préfet des *Bouches-du-Rhône**	s. b.*	»	
	Préfet de la *Corse**.	s. b.*	»	
S-p. *à la T.-du-Pin*	Préfet du *Rhône**....................	s. b.*	»	
S.-p. à *Valencienn.*	Directeur des douanes à *Dunkerque**..........	s. b.*	»	
S.-pr. à *Valognes*..	Prés. semainier de la commission sanitaire à *Cherbourg**	s. b.*	»	
S.-pr. à *Vienne*. ..	Commissaire estampilleur à *Septème**..........	s. b.*	»	
	Préfet du *Rhône**.	s. b.*	»	
S.-p. à *Villefranche-de-Lauragais*...	Inspecteur général de police à la frontière d'*Espagne**	s. b.*	»	
S.-p. à *Villefranch.-sur-Saône*.	Ingénieur des ponts et chaussées résidant à *Châlons-sur-Saône*, chargé des expériences relatives à l'entretien des routes dans les départemens de la *Côte-d'Or*, du *Rhône* et de *Saône-et-Loire**.............	s.b.*	(3)	(3) En quelque lieu des trois départemens désignés ci-contre que soit cet ingénieur

TABLEAU N° 15.

Franchise et Contre-Seing des Préfets.

DÉSIGNATION DES FONCTIONNAIRES ET DES PERSONNES		Forme sous laquelle la correspondance circulant en franch. doit être présentée.	Arrondissement, circonscription ou ressort dans l'étendue duquel la correspondance valablement contre-signée circule en franchise.	Observations.
autorisés à contre-signer leur correspond. de service. (Art. 353 de l'Instruct. gén.)	AUXQUELS la correspondance de service des fonctionnaires et des personnes désignés dans la colonne ci-contre doit être remise en franchise.			
1.	2.	3.	4.	5.
PRÉFETS des départemens.	Administrateurs des établissemens de bienfaisance*	s. b.*	Dép.	
	Agens-généraux des remontes des haras*	s. b.*	Circ. har.	
	Agens-voyers d'arrondissement*	s. b.*	Dép.	
	Agens-voyers de canton*	s. b.*	Dép.	
	Agens-voyers en chef*	s. b.*	Dép.	
	Archevêques*	s. b.*	Circ. dioc.	
	Chefs du service de la marine*	s. b.*	Tout le R.	
	Colonels chefs d'état-major des divisions militaires*	s. b.*	Div. milit.	
	Commandans.. des dépôts de remonte de la guerre*	s. b.*	circ. dép. de r	
	Commandans.. de l'école d'application à Metz*	s. b.*	»	
	Commandans.. du génie militaire*	s. b.*	Dép.	
	Commandans.. des succursales des dépôts de remonte*	s. b.*	circ. dép. de r	
	Commandans des brigades. du bataillon de voltigeurs corses*	s. b.*	Dép.	
	Commandans des brigades. de la Garde municipale de Paris*	s. b.*	Dép.	
	Commandans des brigades. de gendarmerie*	s. b.*	Dép.	
	Commissaires. de l'inscription maritime*	s. b.*	Tout le R.	
	Commissaires. de police*	s. b.*	Dép.	
	Commissaires. aux revues*	s. b.*	Tout le R.	
	Commissaires du roi près les compagnies d'assurances*	s. b.*	Dép.	
	Commissaires du roi près les sociétés anonymes*	s. b.*	Dép.	
	Commissaires-généraux de la marine*	s. b.*	Tout le R.	
	Commissaires principaux de la marine*	s. b.*	Tout le R.	
	Commissaires spéciaux des finances*	s. b.*	Div. c. s.-fin.	
	Commissaires-voyers*	s. b.*	Dép.	
	Conservateurs des forêts*	s. b.*	Conserv. for.	
	Contrôleurs des contributions directes*	s. b.*	Arr. s. pr.	
	Curés*	s. b.*	Dép.	
	Desservants*	s. b.*	Dép.	
	Directeurs.... d'artillerie*	s. b.*	Dir. d'art.	
	Directeurs.... des dépôts d'étalons*	s. b.*	Circ. har.	
	Directeurs.... des dépôts de mendicité*	s. b.*	Dép.	
	Directeurs.... des douanes*	s. b.*	Dir. doua.	
	Directeurs.... des écoles normales primaires*	s. b.*	Dép.	
	Directeurs.... des écoles royales des arts et métiers*	s. b.*	Tout le R.	
	Directeurs.... des écoles vétérinaires*	s. b.*	Dép.	
	Directeurs.... des fortifications*	s. b.*	Dir. du gén.	
	Directeurs.... des haras*	s. b.*	Circ. har.	
	Directeurs.... de l'institution agronomique de Dijon*	s. b.*	»	
	Directeurs.... des maisons centrales de détention*	s. b.*	Dép.	
	Directeurs.... des postes*	s. b.*	Dép.	
	Directeurs.... du service de la surveillance des fournitures des bois de marine*	s. b.*	»	
	Directeurs.... des télégraphes*	s. b.*	Ray. télég.	
	Evêques*	s. b.*	Circ. dioc.	
	Gardes-généraux des forêts*	s. b.*	Conserv. for.	
	Grands-vicaires capitulaires*	s. b.*	Circ. dioc.	
	Ingénieur en chef des mines*	s. b.*	Arr. ing. en ch. m.	
	Ingénieur en chef des ponts et chaussées*	s. b.*	Dép.	

DÉSIGNATION DES FONCTIONNAIRES ET DES PERSONNES — autorisés à contre-signer leur correspond. de service. (Art. 353 de l'Instruct. gén.)	AUXQUELS la correspondance de service des fonctionnaire et des personnes désignés dans la colonne ci-contre doit être remise en franchise.	Forme sous laquelle la correspondance circulant en franch. doit être présentée.	Arrondissement, circonscription ou ressort dans l'étendue duquel la correspondance valablement contre-signée circule en franchise.	*Observations.*
1.	2.	3.	4.	5.
PRÉFETS des départemens.	Ingénieurs ordinaires. des mines*	s. b.*	Arr. ing. ord. m.	
	Ingénieurs ordinaires. des ponts et chaussées*	s. b.*	Dép.	
	Ingénieurs en *chef* ou ordinaires des ponts et chaussées chargés en chef de l'étude d'un *chemin de fer*, lorsque l'étude de ce chemin porte surtout ou partie du département administré par le contre-signataire*	s. b.*	Parc. ch. de fer.	
	Ingénieurs en *chef* ou ordinaires des ponts et chaussées chargés en chef du service spécial *d'un canal*, lorsque ce canal traverse sur quelque point que ce soit le département du contre-signataire*	s. b.*	Parc. canaux.	
	Ingénieurs en *chef* ou ordinaires des ponts et chaussées chargés en chef du service spécial *d'une rivière navigable*, lorsque cette rivière traverse sur quelque point que ce soit, le département du contre-signataire*	s. b.*	Parc. riv. nav	
	Ingénieurs en *chef* ou ordinaires des ponts et chaussées chargés en chef du service spécial *d'une route royale en construction ou réparation*, lorsque cette route traverse sur quelque point que ce soit, le département du contre-signataire*	s. b.*	Parc. rout. roy.	
	Inspecteurs. *des écoles primaires**	s. b.*	Dép.	
	Inspecteurs. *des finances**	s. b.*	Tout le R.	
	Inspecteurs. *des forêts**	s. b.*	Conserv. for.	
	Inspecteurs. *des postes**	s. b.*	Dép.	
	Inspecteurs divisionnaires. *des mines**	s. b.*	Dir. insp. m.	
	Inspecteurs divisionnaires. *des ponts et chaussées**	s. b.*	arr. insp. div. p. ch	
	Inspecteurs-généraux. *d'armes**	s. p.*	arr. insp. g. d'arm	
	Inspecteurs-généraux. *des bergeries royales**	s. b.*	Tout le R.	
	Inspecteurs-généraux. *des écoles vétérinaires**	s. b.*	Tout le R.	
	Inspecteurs-généraux. *des études en tournée**	s. b.*	Tout le R.	
	Inspecteurs-généraux. *des finances**	s. b.*	Tout le R.	
	Inspecteurs-généraux. *de gendarmerie**	s. b.*	Tout le R.	
	Inspecteurs-généraux. *des haras**	s. b.*	Tout le R.	
	Intendans militaires*	s. b.*	Tout le R.	
	Juges d'instruction*	s. b.*	Dép.	
	Juges de paix*	s. b.*	Dép.	
	Lieutenans-généraux commandant les divisions militaires*	s. b.*	Div. mil.	
	Maires*	s. b.*	Dép.	
	Maîtres charpentiers entretenus*	s. b.*	circ. m. charp	
	Maréchaux de camp commandant les subdivisions militaires*	s. b.*	Subd. mil.	
	Membres du conseil des haras*	s. b.*	Dép.	
	Officiers. *du bataillon de voltigeurs Corses**	s. b.*	Tout le R.	
	Officiers. *de la garde municipale de Paris**	s. b.*	Tout le R.	
	Officiers. *de gendarmerie**	s. b.*	Tout le R.	
	Pasteurs. *de la confession d'Augsbourg**	s. b.*	Dép.	
	Pasteurs. *des églises réformées**	s. b.*	Dép.	
	Percepteurs*	s. b.*	Dép.	
	Préfets des départemens*	s. b.*	Tout le R.	
	Préfets maritimes*	s. b.*	Tout le R.	
	Premiers présidens des Cours royales*	s. b.*	C. roy.	

DÉSIGNATION DES FONCTIONNAIRES ET PERSONNES autorisés à contre-signer leur correspond. de service. (Art. 353 de l'instruct. gén.)	AUXQUELS la correspondance de service des fonctionnaires et des personnes désignés dans la colonne ci-contre doit être remise en franchise.	Forme sous laquelle la correspondance circulant en franch. doit être présentée.	Arrondissement, circonscription ou ressort dans l'étendue duquel la correspondance valablement contre-signée circule en franchise.	*Observations.*
1.	2.	3.	4.	5.
PRÉFETS des départemens.	Présidens... *des chambres de commerce**	s. b.*	Dép.	
	Présidens... *des chambres consultatives des arts et manufactures**	s. b.*	Dép.	
	Présidens... *des comités d'arr. de l'instruct. prim.**	s. b.*	Dép.	
	Présidens... *des Conseils d'adm. des corps militaires**	s. b.*	Tout le R.	
	Présidens... *des Conseils d'adm. des pénitenc. milit.**	s. b.*	Tout le R.	
	Présidens... *des Conseils de prud'hommes**	s. b.*	Dép.	
	Présidens... *des consistoires locaux de la confession d'Augsbourg**	s. b.*	Dép.	
	Présidens... *des Cours d'assises**	s. b.*	Dépar. ou se tiennent les assises (1)	(1) Cette franchise s'étend même au lieu de la résidence ordinaire des présidens des Cours d'Assises.
	Présidens... *des jurys de commerce et des manufact.**	s. b.*	Dép.	
	Présidens... *des sociétés des sciences, agricult. et arts**	s. b.*	Dép.	
	Présidens... *des tribunaux de commerce**	s. b.*	Dép.	
	Présidens semainiers des commissions sanitaires*	s. b.*	Dép.	
	Procureurs-généraux*	L. f.	C. roy.	
	Procureurs du roi*	s.b*(2)	Dép.	(2) L. F. dans l'arr de S.-Préf.
	Receveurs des établissemens de bienfaisance*	s. b.*	Dép.	
	Receveurs municipaux*	s. b.*	Dép.	
	Receveurs particuliers des finances*	s. b.*	Dép.	
	Recteurs d'académie*	s. b.*	Arr. acad.	
	Régisseurs des bergeries royales*	s. b.*	Dép.	
	Sous-inpecteurs des écoles primaires*	s. b.*	Dép.	
	Sous-inspecteurs des forêts*	s. b.*	Conserv. for.	
	Sous-intendants militaires*	s. b.*	Tout le R.	
	Sous-intendants militaires adjoints*	s. b.*	Tout le R.	
	Sous-préfets*	s.b.*(3)	Dép.	(3) Pour la correspondance proprement dite.
		s.b.*(4)	Dép.	(4) Pour l'envoi du recueil des annales scientifiques et administratives de l'agriculture.
	Sous-préfet, *à Bayonne**	s. b.*	»	
	Succursalistes*	s. b.*	Dép.	
	Syndics des agens de change*	s. b.*	Dép.	
	Syndics des courtiers de commerce*	s. b.*	Dép.	
	Vérificateurs des armes de la garde nationale (Offic.)*	s. b.*	Arr. vér. arm	
	Vérificateurs des poids et mesures*	s. b.*	Dép.	
	Vérificateurs spéciaux du cadastre*	s. b.*	Tout le R.	
PRÉFETS en tournée.	Conseiller ou secrétaire général de préfecture délégué pour remplacer le préfet, *en son absence**	s. b.*	Dép.	
PRÉFET de l'Ain.	Ambassadeurs de France. près la *confédération Suisse**	L. f.	»	
	Ambassadeurs de France. *Turin**	L. f.	»	
	Comm. du roi pour la démarcation des front. de *l'Est.**	L. f.	»	
PRÉFET des Basses-Alpes.	Comm. du roi pour la démarcation des front. de *l'Est.**	L. f.	»	
PRÉFET des Hautes-Alpes.	Ambassadeur de France à *Turin**	s. b.*	»	
	Comm. du roi pour la démarcation des front. de *l'Est.**	L. f.	»	
PRÉFET de l'Ardèche.	Présidens des commissions administratives des hospices civils de *Grenoble**	s. b.*	»	
	Présidens des commissions administratives des hospices civils de *Vienne**	s. b.*	»	
PRÉFET des Ardennes.	Comm. du roi pour la démarcation des front. du *Nord**	L. f.	»	
	Directeur des contributions indirectes du département des *Ardennes* résidant à *Charleville**	s. b.*	»	

DÉSIGNATION DES FONCTIONNAIRES ET DES PERSONNES autorisés à contre-signer leur correspond. de service. (Art. 353 de l'Instruct. gén.)	AUXQUELS la correspondance de service des fonctionnaires et des personnes désignés dans la colonne ci-contre doit être remise en franchise.	Forme sous laquelle la correspondance circulant en franch. doit-être présentée.	Arrondissement, circonscription ou ressort dans l'étendue duquel la correspondance valablement contre-signée circule en franchise.	Observations.
1.	2.	3.	4.	5.
Préfet de l'Ariège.	Autorités des provinces espagnoles limitrophes*. . . .	s.b*(1)	»	(1) Cette correspondance doit être contresignée de la main même du Préfet.
	Capitain. des brigades des douan. Contrôl. des brigades des douan. Dans les départemens de l'*Ariège*, de la *Haute-Garonne*, des *Landes*, des *Basses-Pyrénées*, des *Hautes-Pyrénées* et des *Pyrénées-Orient.**	s.b*(2)		
	Inspecteur général de police à la *frontière* d'Espagne*.	s.b*(2)	»	
	Insp. des douanes et sous-inspect. des douanes Dans les départemens de l'*Ariège*, de la *Haute-Garonne*, des *Landes*, des *Basses-Pyrénées*, des *Hautes-Pyrénées* et des *Pyrénées-Orient.**	s.b*(2)	»	(2) Cette franchise n'a qu'un caractère provisoire.
Préfet de l'Aube. .	Directeur du quartier des condamnés politiques de la maison centrale de *Clairvaux**	s. b.*	»	
Préfet de l'Aude. .	Président semainier de l'intend. sanitaire à *Marseille**	s. b.*	»	
Pr. des B.-du-Rhôn	Sous-préfet à *Toulon-sur-mer**.	s. b.*	»	
Préfet du Calvados.	Président semainier de l'intendance sanitaire au *Hâvre**	s. b.*	»	
Préf. de la Charente	Président de la commission administrative des hospices civils de *Bordeaux**.	s. b.*	»	
Préfet de la Charente-Inférieure.	Directeur de l'école normale primaire à *Poitiers** . . .	s. b.*	»	
	Présidens de la commission administrative des hospices civils de *Bordeaux**.	s. b.*	»	
Préfet de la Corse.	Commissaires spéciaux des douanes en *Corse**.	s. b.*	Dép.	
	Sous-préfet à *Toulon**.	s. b.*	»	
Préfet de la Côte-d'Or	Ingén. des ponts et chaussées résidant à *Châlons-sur-Saône*, chargé des expériences relatives à l'entretien des routes dans les départem. de la *Côte-d'Or*, *du Rhône*, *Saône-et-Loire**	s. b.*	(3)	(3) En quelque lieu que soit cet ingénieur dans les trois départemens désignés ci-contre.
Préfet des Côtes-du-Nord.	Directeur de l'école normale primaire, à *Rennes**. . . .	s. b.*	»	
	Sous-préfet, à *St.-Malo**.	s. b.*	»	
Préf. de la Dordog.	Président de la commission administrative des hospices civils de *Bordeaux**.	s. b.*	»	
Préfet du Doubs. . .	Ambassadeur de France près la *confédération Suisse** .	L. f.	»	
	Autorités étrangères des pays limitrophes à la frontière de *l'Est**.	s.b*(4)	»	(4) Cette correspondance doit être contresignée de la main du Préfet.
	Com. du roi pour la démarcation des frontières *de l'Est**	L. f.	»	
	Ingénieurs en chef des ponts et chaussées. du *Jura** .	s. b.*	»	
	du *Bas-Rh**	s. b.*	»	
	Ingénieurs ordinaires des ponts et chauss. du *H-Rhin**	s. b.*	»	
Préfet de la Drôme.	Directeur de l'école normale primaire à *Grenoble**. . .	s. b.*	»	
	Présidens de commissions administratives des hospices civils de. . . . . *Grenoble** .	s. b.*	»	
	*Vienne** . .	s. b.*	»	
Préfet de l'Eure. .	Présid. semainier de l'intendance sanitaire au *Hâvre.**	s. b.*	»	
Préfet du Finistère	Directeur des contributions indirectes à *Morlaix**. . . .	s. b.*	»	
	Directeur de l'école normale primaire à *Rennes**. . . .	s. b.*	»	
	Inspecteur des télégraphes à *Guingamp**.	s. b.*	»	
	Payeur du trésor à *Brest**.	s. b.*	»	
	Président semainier de l'intendance sanitaire à *Brest.**	s. b.*	»	
	Receveur général du Finistère, résidant à *Brest**. . .	s. b.*	»	
Préfet du Gard. . .	Président semainier de l'intend. sanitaire à *Marseille.**	s. b.*	»	

DÉSIGNATION DES FONCTIONNAIRES ET DES PERSONNES. autorisés à contre-signer leur correspond. de service. (Art. 353 de l'Instruct. gén.)	AUXQUELS la correspondance de service des fonctionnaires et des personnes désignés dans la colonne ci-contre doit-être remise en franchise.	Forme sous laquelle la correspondance circulant en franch. doit être présentée.	Arrondissement, circonscription où ressort dans l'étendue duquel la correspondance valablement contre-signée circule en franchise.	Observations.
1.	2.	3.	4.	5.
Préfet de la Haute-Garonne.......	Autorités *des provinces espagnoles* limitrophes*.....	s.b.(1)	»	(1) Cette correspondance doit être contresignée de la main même du préfet.
	Inspecteur-général de police à la frontière d'*Espagne**.	s.b.*		
Préfet de la Gironde......	Autorités espagnoles des provinces limitrophes aux départemens frontières*.	s.b.*	»	
Préfet de l'Hérault	Président semainier de l'intend. sanitaire à *Marseille**..	s.b.*	»	
	Sous-préfet de *Narbonne**..	s.b.*	»	
Pr. d'Ind.-et-Loire	Directeur de l'école normale primaire à *Orléans**....	s.b.*	»	
Préfet de l'Isère..	Commissaires estampilleurs à *Septème**..	s.b.*	»	
	Comm. du roi pour la démarcation des front. de l'*Est**.	L.f.	»	
	Inspecteur des douanes au *pont de Beauvoisin**.....	s.b.*	»	
Préfet du Jura...	Comm. du roi pour la démarcation des front. de l'*Est**.	L.f.	»	
Préfet des Landes.	Inspecteur-général de police à la frontière d'*Espagne**.	s.b.*	»	
	Président semainier de l'intend. sanitaire à *Bayonne**..	s.b.*	»	
Préfet de la Loire.	Présidens des commissions administratives des hospices civils de... *Grenoble**..	s.b.*	»	
	*Vienne**...	s.b.*	»	
Préfet de la Haute-Loire........	Présidens des commissions administratives des hospices civils de... *Grenoble**..	s.b.*	»	
	*Vienne**...	s.b.*	»	
Préf. de la Manch.	Président semainier de l'intend. sanitaire au *Hâvre**..	s.b.*	»	
Préf. de la Meurthe	Commissaires de police à....... *Dieuze**...	s.b.*	(2)	(2) Cette franchise s'étend à tous les lieux où les deux commissaires de police peuvent être envoyés en mission.
	*Vic**...	s.b.*	(2)	
Préf. du Morbihan	Directeur de l'école normale primaire à *Rennes**....	s.b.*	»	
	Président semainier de l'intend. sanitaire à *Lorient**..	s.b.*	»	
	Président semainier de l'intend. sanitaire à *Nantes**..	s.b.*	»	
Préf. de la Moselle	Comm. du roi pour la démarcation des front. du *Nord**.	L.f.	»	
Préfet de la Nièvre	Directeur de l'école normale primaire à *Bourges**...	s.b.*	»	
	Directeur des forges de la marine à *Guérigny**.....	s.b.*	»	
Préfet du Nord...	Comm. du roi pour la démarcation des front. du *Nord**.	L.f.	»	
Préfet de l'Oise...	Directeur de l'école normale primaire à *Versailles**...	s.b.*	»	
Pr. du P.-de-Calais	Directeur de l'école normale primaire à *Douai**.....	s.b.*	»	
Préfet des Basses-Pyrénées......	Autorités des *provinces espagnoles* limitrophes*.....	s.b*(3)	»	(3) Cette corresp. doit être contresignée de la main même du Préfet.
	Consul d'Espagne à *Bayonne**..............	s.b.*	»	
	Inspecteur général de police à la frontière d'*Espagne**.	s.b.*	»	
	Président semainier de l'intend. sanitaire à *Bayonne**.	s.b.*	»	
	Vice consul d'Espagne à *Oloron**............	s.b.*	»	
Préfet des Hautes-Pyrénées......	Autorités des *provinces espagnoles* limitrophes*.....	s.b*(4)	»	(4) Cette corresp. doit être contresignée de la main même du Préfet.
	Capitain. des brigades des douan. Contrôl. des brigades des douan. — Dans les départemens de l'*Ariège*, de la *Haute-Garonne*, des *Landes*, des *Basses-Pyrénées*, des *Hautes-Pyrénées* et des *Pyrénées-Orient.**	s.b*(5)	»	
	Inspecteur-général de police à la frontière d'*Espagne**.	s.b*(5)	»	
	Insp. des douanes Sous-inspect., des douanes.... — Dans les départemens de l'*Ariège*, de la *Haute-Garonne*, des *Landes*, des *Basses-Pyrénées*, des *Hautes-Pyrénées* et des *Pyrénées-Orient.**	s.b*(5)	»	(5) Cette franchise n'a qu'un caractère provisoire.
Préfet des Pyrénées-Orientales.	Autorités *des provinces espagnoles* limitrophes*....	s.b*(6)	»	(6) Cette corresp. doit être contre-signée de la main même du Préfet.
	Inspecteur général de police à frontière d'*Espagne**..	s.b.*	»	
	Présid. semainier de l'intendance sanitaire à *Marseille**	s.b.*	»	
	Sous-préfet de *Narbonne**..............	s.b.*	»	
	Vérificateur des passeports au *Perthus**.........	s.b.*		

DÉSIGNATION DES FONCTIONNAIRES ET DES PERSONNES autorisés à contresigner leur correspond. de service. (Art. 353 de l'Instruct. gén.) 1.	AUXQUELS la correspondance de service des fonctionnaires et des personnes désignés dans la colonne ci-contre doit être remise en franchise. 2.	Forme sous laquelle la correspondance circulant en franch. doit etre présentée 3.	Arrondissement, circonscription où ressort dans l'etendue duquel la correspondance valablement contre-signee circule en franchise. 4.	*Observations.* 5
Préfet du Bas-Rhin	Autorités étrangères des pays limit. à la front. de l'*Est*.*	s.b*(1)		(1) cette correspond. doit être contresignée de la main même du Préfet.
	Comm. du roi pour la démarcation des front. de l'*Est*.*	L. f.		
	Inspecteur-gén. de la navigation du Rhin à *Mayence**. .	s. b. *		
	Inspecteur du *premier district* de la navigation du Rhin à *Strasbourg**.	s. b. *	(2)	(2) cette franchise s'étend à tous les lieux situés sur les bords du *Rhin* jusqu'à l'embouchure de la *Lauter*.
	Ministres de France accrédités, tant auprès des diverses Cours d'*Allemagne*, qu'auprès de la confédér. *Suisse**	s.b*(3)		(3) Cette correspond doit être contresignée de la main même du Prefet.
Préf. du Haut-Rhin	Autorités étrangères des pays limit. à la front. de l'*Est**	s.b*(4)	»	(4) cette correspond. doit être contresignée de la main meme du Prefet.
	Comm. du roi pour la démarcation des front. de l'*Est**	L. f.	»	
	Inspecteur-gén. de la navigation du *Rhin à Mayence*.*	s. b. *	»	
	Inspecteur du premier district de la navigation du Rhin à *Strasbourg**.	s. b. *	(5)	(5) cette franchise s'étend à tous les lieux situés sur les bords du *Rhin* jusqu'à l'embouchure de la *Lanter*.
	Ministres de France, accrédités, tant auprès des diverses Cours d'*Allemagne*, qu'auprès de la *confédération Suisse**	s.b*(6	»	(6) cette correspond. doit etre contre signée de la main même du Prefet.
Préfet du Rhône. .	Commissaire de police au pont de *Beauvoisin**	s. b. *	»	
	Comm. du roi pour la démarcation des front. de l'*Est**	L. f.	»	
	Ingénieur des ponts et chaussées résidant à *Châlons-sur-Saône*, chargé des expériences relatives à l'entretien des routes dans les départemens de la *Côte-d'Or*, du *Rhône* et de *Saône-et-Loire**.	s. b. *	(7)	(7) En quelque lieu que soit cet ingénieur dans les depart. du *Rhône*, de la *Côte-d'Or*, et de *Saône-et-Loire*.
	Maires des communes comprises dans les cantons de *Meyzieux* et de *Saint-Simphorien (Isère)**.	s. b. *	»	
	Présidens des commissions administratives des hospices civils de *Grenoble**	s. b. *	»	
	Présidens des commissions administratives des hospices civils de *Vienne**.	s. b. *	»	
	Sous-préfets*. . . . . à *Saint-Etienne** . .	s. b. *	»	
	Sous-préfets* à *la Tour-du-Pin** .	s. b. *	»	
	Sous-préfets* à *Vienne**.	s. b. *	»	
Préfet de Saône-et-Loire.	Ingénieur des ponts et chaussées résidant à *Châlons-sur-Saône*, chargé des expériences relatives à l'entretien des routes dans les départemens de la *Côte-d'Or*, du *Rhône* et de *Saône-et-Loire**.	s. b. *	(8)	(8) En quelque lieu que soit cet ingénieur dans les depart. du *Rhône*, de la *Côte-d'Or* et de *Saône-et-Loire*.
Préfet de la Seine	Directeur du conservatoire royal des arts et metiers*. .	s. b. *	»	
	Directeur de la maison royale de *Charenton**.	s. b. *	»	
	Directeur de la maison royale des *Jeunes Aveugles**. . .	s. b. *	»	
	Ingén. en chef des ponts et chaussées de *Seine-et-Oise**	s. b. *	»	
Pr. de la Seine-Inf.	Président semainier de l'intend. sanitaire au *Hâvre**. .	s. b. *	»	
Préfet du Var. . . .	Comm. du roi pour la démarcation des front. de l'*Est*.*	L. f.	»	
	Direct. des contributions indirectes du départ. du *Var**	s. b. *	»	
	Directeur des douanes à *Digne**.	L.f.	»	
	Directeur de l'enregistrement et des domaines du *Var**	s. b. *	»	
	Payeur du Var à *Toulon**	s. b. *	»	
	Président semainier de l'intend. sanitaire à *Toulon**. .	s. b. *	»	
	Receveur-général du *Var**.	s. b. *	»	
	Receveurs particuliers à. . . . . *Brignolles** . . . . ,	s. b. *	»	
	Receveurs particuliers à *Grasse**	s. b. *	»	
Préfet de la Vendée	Présidens semainier de l'intendance sanitaire, à *Nantes**	s. b. *	»	
	Président semainier de l'intend. sanitaire à la *Rochelle*.*	s. b. *	»	

TABLEAU N° 16.

Franchise et Contre-Seing des Maires.

DÉSIGNATION DES FONCTIONNAIRES ET DES PERSONNES autorisés à contre-signer leur correspond. de service. (Art 353 de l'Instruct. gén.)	AUXQUELS la correspondance de service des fonctionnaires et des personnes désignés dans la colonne ci-contre doit être remise en franchise.	Forme sous laquelle la correspondance circulant en franch. doit être présentée.	Arrondissement, circonscription ou ressort dans l'étendue duquel la correspondance valablement contre-signée circule en franchise.	Observations.
1.	2.	3.	4.	5.
MAIRES	Agens-voyers d'arrondissement*	s. b.	arr. s.-pr. (1)	(1) cette franchise s'étend meme aux arrondissemens limitrophes si le service des destinataires porte sur deux arrondis., mais sans jamais dépasser les limites du départem.
	Agens-voyers de canton*	s. b.	arr. s.-pr. (1)	
	Agens-voyers en chef*	s. b.	Dép.	
	Archevêques*	s. b.	Circ. dioc.	
	Chef du service de la marine*	s. b.	Tout le R.	
	Colonels chefs d'état-major des divisions militaires*	s. b.	Div. mil.	
	Commandans des dépôts de recrutement*	s. b.	Dép.	
	Commandans des dépôts de remonte de la guerre*	s. b.	cir.dép. de r.	
	Commandans du génie*	s. b.	Dép.	
	Commandans des succursales des dépôts de remonte*	s. b.	circ dép.de r.	
	Commissaires de l'inscription maritime*	s. b.	Tout le R.	
	Commissaires aux revues*	s. b.	Tout le R.	
	Commissaires-voyers*	s. b.	Arr. s.-pr.	
	Conservateurs des forêts*	s. b.	Conserv. for.	
	Conservateurs des hypothèques* (2)	s. b.	Arr. s.-pr.	(2) Pour la corresp. proprement dite, et en outre, pour le renvoi des avertissemens destinés aux redevables de l'enregistrement. Ces avertissem. peuvent contenir de l'écriture à la main; mais ils ne doiv. être ni cach. ni pliés en forme de lett. ni revêtus d'adr. extér.
	Contrôleurs des contributions directes*	s. b.	Arr. s.-pr.	
	Curés*	s. b.	Arr. s.-pr.	
	Directeurs d'artillerie*	s. b.	Dir. d'art.	
	Directeurs des contributions directes*	s. b.	Dép.	
	Directeurs des écoles normales primaires*	s. b.	ress.éc.n.pr.	
	Directeurs des fortifications*	s. b.	Dir. du gén.	
	Directeurs des postes*	s. b.	Arr. s.-p.	
	Evêques*	s. b.	Circ. dioc.	
	Gardes à cheval des forêts*	s. b.	Conserv. for.	
	Gardes généraux des forêts*	s. b.	Conserv. for.	
	Grands-vicaires capitulaires*	s. b.	Circ. dioc.	
	Ingén. des ponts et chaussées chargés du serv. vécinal*	s. b.	Dép.	
	Inspecteurs d'académie*	s. b.	Arr. acad.	
	Inspecteurs des contributions directes*	s. b.	Dép.	
	Inspecteurs des écoles primaires*	s. b.	Dép.	
	Inspecteurs de l'enregistrement et des domaines*	s. b.	Dép.	
	Inspecteurs des finances*	s. b.	Tout le R.	
	Inspecteurs des forêts*	s. b	Conserv. for.	
	Inspecteurs des postes*	s. b.	Dép.	
	Inspecteurs généraux d'armes*	s. b.	Arr. insp. g. d'arm.	
	Inspecteurs généraux des études, en *tournée**	s. b.	Tout le R.	
	Inspecteurs généraux des finances*	s. b.	Tout le R.	
	Inspecteurs généraux de gendarmerie*	s. b.	Tout le R.	
	Instituteurs, Institutrices *des écoles primaires**	s. b.	Arr. s.-pr.	

DÉSIGNATION DES FONCTIONNAIRES ET DES PERSONNES autorisés à contre-signer leur correspond. de service. (Art. 353 de l'Instruct. gén.)	AUXQUELS la correspondance de service des fonctionnaires et des personnes désignés dans la colonne ci-contre doit être remise en franchise.	Forme sous laquelle la correspondance circulant en franch. doit être présentée.	Arrondissement, circonscription ou ressort dans l'étendue duquel la correspondance valablement contre-signée circule en franchise.	Observations.
1.	2.	3.	4.	5.
MAIRES.	Intendans militaires*	s. b.	Tout le R.	
	Juges d'instruction*	s. b.	Arr. s.-pr.	
	Juges de paix*	s. b.	Arr. cant.	
	Lieuten.-génér. commandant les divisions militaires*	s. b.	Div. mil.	
	Maires*	s. b.	Arr. s.-pr.	
	Maîtres charpentiers entretenus*	s. b.	Circ. m. charp	
	Maîtres. Maîtresse. } des écoles primaires*	s. b.	Arr. s.-pr.	
	Maréchaux de camp comm. les subdivisions militaires*	s. b.	Subd. mil.	
	Officiers { *du bataillon de voltigeurs Corses**	s. b.	Tout le R.	
	Officiers { *de la garde municipale de Paris**	s. b.	Tout le R.	
	Officiers { *de gendarmerie**	s. b.	Tout le R.	
	Préfets des départemens*	s,b (1)	Dép.	(1) Les maires sont autorisés à écrire au préfet de leur départ. sous pli fermé par lettres simples, c'est-à-dire par lett. pesant moins de 7 gram. 1/2, simplem. pliées et cachetées, sans addit. ni de pièces jointes, ni d'enveloppe extér. à la charge par eux, d'inscrire sur chaque lettre ces mots: Lettres confid. (Voir § 16 de l'instruction, page 6)
	Préfets maritimes*	s. b.	Tout le R.	
	Premiers présidens des Cours royales*	s. b.	C. roy.	
	Présid. des comités d'arrondiss. de l'instruction prim.*	s. b.	Arr. s.-pr.	
	Présidens des comités communaux de l'instruct. prim.*	s. b.	Arr. s.-pr.	
	Présidens des Cours d'assises*	s. b.	Département où se tiennent les assises (2)	(2) Cette franchise s'étend même au lieu de la résidence ordinaire des présidens des Cours d'assises.
	Procureurs-généraux*	L. f.	C. roy.	
	Procureurs du roi près les Cours d'assises*	L. f.	C. d'ass.	
	Procureurs du roi près les tribunaux de 1re instance*	L. f.	Arr. s.-pr.	
	Receveur de l'enregistrement et des domaines* (3)	s. b.	Arr. s.-pr.	(3) Pour la corresp. proprement dite, et, en outre pour le renvoi des avertiss destinés aux redevables de l'enregist. Ces avertissem peuvent contenir de l'écriture à la main; mais ils ne doivent être ni cachet. ni pliés en forme de lettres, ni revêtus d'adresses extérieures.
	Recteurs d'académie*	s. b.	Arr. acad.	
	Sous-inspecteurs des écoles primaires*	s. b.	Dép.	
	Sous-inspecteurs des forêts*	s. b.	Conserv. for.	
	Sous-intendans militaires*	s. b.	Tout le R.	
	Sous-intendans militaires adjoints*	s. b.	Tout le R.	
	Sous-préfets*	s.b (4)	Arr. s.-pr.	(4) Les maires sont autorisés, sous pli fermé, au sous-préf. de leur arrond. aux mêmes condit. qu'au préfets de leur départem. (V. plus haut la note n. 1)
	Vérificateurs de l'enregistrement et des domaines*	s. b.	Dép.	
	Vérificateurs des poids et mesures*	s. b.	Arr. s.-pr.	

DÉSIGNATION DES FONCTIONNAIRES ET DES PERSONNES		Forme sous laquelle la correspondance circulant en franch. doit être présentée.	Arrondissement, circonscription ou ressort dans l'étendue duquel la correspondance valablement contre-signée circule en franchise.	*Observations.*
utorisés à contresigner leur correspond. de service. (Art. 353 de l'Instruct. gén.)	AUXQUELS la correspondance de service des fonctionnaires et de personnes désignés dans la colonne ci-contre doit-être remise en franchise.			
1.	2.	3.	4.	5.
Mair. *faisant fonctions de Sous-intend. militaires dans les lieux où il n'en existe pas.*	Lieuten. de Roi. Maires......... faisant fonctions de sous-intendans militaires dans les lieux où il n'en existe pas (1)*	s. b.	Dép.	(1) Pour l'envoi seulement des pièces relatives au service des vivres et fourrages.
	Prés. des Conseils d'administrat. des corps militaires*........	s. b.	Dép.	
	Prés. des Conseils d'administrat. des pénitenciers militaires*....	s. b.	Dép.	
	Sous-préfets faisant fonctions de sous-intendans milit. dans les lieux où il n'en existe pas* (1)........	s. b.	Dép.	
Maires des comm. situées sur le littoral.	Présidens semainiers des commissions sanitaires*...	s. b.	Ress. comm. san.	
Maires des comm. comprises dans l'arrond. de *Gex*.	Commissaire en chef des douanes, à *Saint-Genis**...	s. b.	»	
	Commissaire particulier des douanes, à *Collonge**...	s. b.	»	
	Commissaire particulier des douanes, à *Gex**.....	s. b.	»	
Maires des comm. compr. dans les cant. de *Meyzieux* et de *St-Simphorien (Isère.)*	Préfet du *Rhône**	s. b.	»	
Maires des comm. situées dans *l'île d'Oléron*.	Commandant de la place de l'île d'*Oléron**......	s. b.	»	
	Président semainier de l'intend. sanitaire au *Château (Ile d'Oléron*)*................	s. b.	»	
Maires du départ. de l'*Ariège*.	Inspecteur-général de police à la frontière *d'Espagne.**	s. b.	»	
Maires du départ. de la *Corse*.	Commissaires spéciaux des Douanes en *Corse**.....	s. b.	Dans la circonscript. des commissaires. (2)	(2) Un tableau indiquant les résidences et circonscript. des comm. spéciaux des douanes en Corse, a été envoyé aux agens des postes de ce département, avec la circulaire sans numéro du 22 nov. 1837.
Maires du départ. du *Doubs*.	Commissaire particulier près les salines de l'Est, résidant à *Salins* et à *Lons-le-Saulnier**........	s. b.	»	
M. du dép. du *Gard*	Commissaire central de police à *Nismes**.......	s. b.	»	
Maires du départ. de la *H.-Garonne*.	Inspecteur général de police à la frontière d'*Espagne.**	s. b.	»	
Maires du départ. de la *Gironde*.	Commissaire central de police, à *Bordeaux**.....	s. b.	»	
Maires du départ. du *Jura*.	Commissaire particulier près les salines de l'Est, résidant à *Salins* et à *Lons-le-Saulnier**........	s. b.	»	
Maires du départ. des *Landes*.	Inspecteur général de police à la frontière d'*Espagne**	s. b.	»	
M. du dép. du *Loiret*	Commissaires-voyers du département du *Loiret**....	s. b.	Dép.	
Maires du départ. de la *Meurthe*.	Commissaires particulier près les salines de l'Est, résidant à *Dieuze* et à *Moyenvic**..........	s. b.	»	(3) Cette franchise s'étend à tous les lieux où les deux commissaires de police peuvent être envoyés en mission
	Commissaires de police.......... à *Dieuze**....	s. b.	(3)	
	Commissaires de police.......... à *Vic**.....	s. b.	(3)	
Maires du départ. des *B.-Pyrénées*.	Inspecteur général de police à la frontière d'*Espagne**.	s. b.	»	
Maires des départ. des *H.-Garonne*.	Inspecteur général de police à la frontière d'*Espagne**.	s. b.	»	
Maires des départ. des *Pyr.-Orient*.	Inspecteur général de police à la frontière d'*Espagne**.	s. b.	»	

TABLEAU N° 17.

Franchise et Contre-Seing des Archevêques, Évêques, Grands-Vicaires capitulaires, Curés, Vicaires et desservants.

DÉSIGNATION DES FONCTIONNAIRES ET DES PERSONNES		Forme sous laquelle la correspondance circulant en franch. doit être présentée	Arrondissement, circonscription ou ressort dans l'étendue duquel la correspondance valablement contre-signée circule en franchise.	*Observations*
autorisés à contre-signer leur correspond. de service. (Art. 353 de l'Instruct. gén.)	AUXQUELS la correspondance de service des fonctionnaires et des personnes désignés dans la colonne ci-contre doit être remise en franchise.			
1.	2.	3.	4.	5.
Archevêques, évêques et grands vicaires capitul.	Curés*	s. b.*	Circ. dioc.	
	Desservans*	s. b.*	Circ. dioc.	
	Grands-vicaires (ou vicaires-généraux*)	s. b.*	Circ. dioc.	
	Inspecteurs des écoles primaires*	s. b.*	Circ. dioc.	
	Maires*	s. b.*	Circ. dioc.	
	Préfets*	s. b.*	Circ. dioc.	
	Premiers présidens des Cours royales*	s. b.*	C. roy.	
	Prés. des comités d'arrond. de l'instruction primaire*	s. b.*	Circ. dioc.	
	Prés. des comités communaux de l'instruct. primaire*	s. b.*	Circ. dioc.	
	Procureurs-généraux*	L. f.	C. roy.	
	Procureurs du roi près les Cours d'assises*	L. f.	Circ. dioc.	
	Procureurs du roi près les tribunaux de 1re instance*	L. f.	Circ. dioc.	
	Recteurs d'académie*	s. b.*	Arr. acad.	
	Sous-inspecteurs des écoles primaires*	s. b.*	Circ. dioc.	
	Sous-préfets*	s. b.*	Circ. dioc.	
	Succursalistes*	s. b.*	Circ. dioc.	
	Supérieurs des écoles secondaires ecclésiastiques*	s. b.*	Circ. dioc.	
	Supérieurs des séminaires*	s. b.*	Circ. dioc.	
Évêq. de TARBES.	Directeur de la maison de retraite de GARAIRON, par *Castelneau-de-magnoac**	s. b.*	»	
Curés	Archevêques*	s. b.	Circ. dioc.	
	Évêques*	s. b.	Circ. dioc.	
	Grands-vicaires capitulaires*	s. b.	Circ. dioc.	
	Inspecteurs des écoles primaires*	s. b.	Dép.	
	Maires*	s. b.	Arr. s.-pr.	
	Préfets*	s. b.	Dép.	
	Prés. des comités d'arrond. de l'instruction primaire*	s. b.	Arr. s.-pr.	
	Sous-inspecteurs des écoles primaires*	s. b.	Dép.	
	Sous-préfets*	s. b.	Arr. s.-pr.	
Curés dans les arrondiss. de *Dôle.* *Lons-le-Saulnier* *Poligny.*	Grand-vicaire à *Lons-le-Saulnier** (1)	s. b.	»	(1) Indépend. de l correspondance ave l'évêque de S-Clau
Desservans	Archevêques*	s. b.	Circ. dioc.	
	Évêques*	s. b.	Circ. dioc.	
	Grands-vicaires capitulaires*	s. b.	Circ. dioc.	
	Inspecteurs des écoles primaires*	s. b.	Dép.	
	Préfets*	s. b.	Dép.	
	Sous-préfets*	s. b.	Arr. s.-pr.	
	Sous-inspecteurs des écoles primaires*	s. b.	Dép.	
Desservans dans les arrondiss. de *Dôle.* *Lons-le-Sauln.* *Poligny.*	Grand-vicaire à *Lons-le-Saulnier** (2)	s. b.	»	(2) Indépend. de l correspondance ave l'évêque de S-Clau
Grands-vicaires	Archevêques*	s. b.	Circ. dioc.	
	Évêques*	s. b.	Circ. dioc.	
Grand-vicaire à *Lons-le-Saulnier.*	Curés. Desservans. Succursalistes. dans les arrondissemens *de Dôle, Lons-le-Saulnier et Poligny**	s. b.	»	

TABLE DES MATIÈRES.

Ire PARTIE.

IIe PARTIE.

Tableaux indiquant le mode de franchise attribué aux fonctionnaires désignés au présent Manuel.

Imprimerie de VRAYET et Cie, rue de Sèvres, 37.

BIBLIOTHEQUE ROYALE
I

BIBLIOTHEQUE NATIONALE DE FRANCE
3 7502 04171936 2

www.ingramcontent.com/pod-product-compliance
Ingram Content Group UK Ltd.
Pitfield, Milton Keynes, MK11 3LW, UK
UKHW012110240726
13965UKWH00004B/1672

9 782011 925688